Just Atsam

Recueil de Proclamations Prophétiques et d'Adoration(RPPA) Vol.II

Just Atsam

Recueil de Proclamations Prophétiques et d'Adoration(RPPA) Vol.II

Proclamations de visionnaire

Éditions Croix du Salut

Impressum / Mentions légales
Bibliografische Information der Deutschen Nationalbibliothek: Die Deutsche Nationalbibliothek verzeichnet diese Publikation in der Deutschen Nationalbibliografie; detaillierte bibliografische Daten sind im Internet über http://dnb.d-nb.de abrufbar.
Alle in diesem Buch genannten Marken und Produktnamen unterliegen warenzeichen-, marken- oder patentrechtlichem Schutz bzw. sind Warenzeichen oder eingetragene Warenzeichen der jeweiligen Inhaber. Die Wiedergabe von Marken, Produktnamen, Gebrauchsnamen, Handelsnamen, Warenbezeichnungen u.s.w. in diesem Werk berechtigt auch ohne besondere Kennzeichnung nicht zu der Annahme, dass solche Namen im Sinne der Warenzeichen- und Markenschutzgesetzgebung als frei zu betrachten wären und daher von jedermann benutzt werden dürften.

Information bibliographique publiée par la Deutsche Nationalbibliothek: La Deutsche Nationalbibliothek inscrit cette publication à la Deutsche Nationalbibliografie; des données bibliographiques détaillées sont disponibles sur internet à l'adresse http://dnb.d-nb.de.
Toutes marques et noms de produits mentionnés dans ce livre demeurent sous la protection des marques, des marques déposées et des brevets, et sont des marques ou des marques déposées de leurs détenteurs respectifs. L'utilisation des marques, noms de produits, noms communs, noms commerciaux, descriptions de produits, etc, même sans qu'ils soient mentionnés de façon particulière dans ce livre ne signifie en aucune façon que ces noms peuvent être utilisés sans restriction à l'égard de la législation pour la protection des marques et des marques déposées et pourraient donc être utilisés par quiconque.

Coverbild / Photo de couverture: www.ingimage.com

Verlag / Editeur:
Éditions Croix du Salut
ist ein Imprint der / est une marque déposée de
OmniScriptum GmbH & Co. KG
Heinrich-Böcking-Str. 6-8, 66121 Saarbrücken, Deutschland / Allemagne
Email: info@editions-croix.com

Herstellung: siehe letzte Seite /
Impression: voir la dernière page
ISBN: 978-3-8416-9955-8

Copyright / Droit d'auteur © 2015 OmniScriptum GmbH & Co. KG
Alle Rechte vorbehalten. / Tous droits réservés. Saarbrücken 2015

Recueil de Proclamations Prophétiques et d'Adoration(RPPA) vol. II

Ne réfléchissez pas avec les méthodes de l'homme, parce que vous réussirez avec les méthodes de Dieu.

Recueil de Proclamations Prophétiques et d'Adoration(RPPA) vol. II

Table des matières :

Méditation………………………………………………………………………… 1

A propos du recueil……………………..………………………………………….4

Bon à savoir………………………………………………………………………...9

A propos de l'auteur………………………………………..……………………...12

Biographie…………………………………………………………………………13

Réparation intérieure………………………………………………………………14

Je suis toujours à 37……………………………………………………………….19

Que les linteaux s'élèvent…………………………………………………………23

Je suis malade d'amour…………………………………………………………… 28

Réparation psychologique et physique…………………………………...……….33

Je suis la signature de Dieu………………………………………………………..38

Je réussis dans toutes mes voies !...43

Lorsque vous devez conclure une affaire…………………………………………49

Je suis plus que vainqueur…………………………………………………………55

Je suis une œuvre d'art…………………………………………………………….61

Tous ce que je touche porte du moi……………………………………………….67

Je suis mère………………………………………………………………………..73

Seigneur, descends tous les murs………………………………………………….80

Je suis la chambre nuptiale de Dieu……………………………………………….86

Je domine !..92

Je suis sous la bonne fréquence……………………………………………...……99

Mon partenaire m'aime chaque jour toujours plus…………...…………………..104

Recueil de Proclamations Prophétiques et d'Adoration(RPPA) vol. II

Seigneur, tourne-moi dans le bon sens...109

Je suis reconnaissant..114

Couple en crise qui veut se réconcilier..120

Mon âme s'attend à Dieu...127

Tu es tout ce que je désire..133

In fine, c'est Toi qui peux...138

Je suis une forteresse de foi...141

Conclusion...146

Recueil de Proclamations Prophétiques et d'Adoration(RPPA) vol. II

A propos du recueil :

Avez-vous un problème avec votre image de vous-même ? Avez-vous un système émotionnel défectueux ? Avez-vous envie que ça change ? Avez-vous besoin de dépasser vos limites et d'aller au-delà de toute imagination ? Avez-vous envie de faire exister ce qui n'existe pas encore ? Avez-vous envie d'arriver à un endroit où on ne vous attendait pas ? Avez-vous envie de réaliser ce que tout le monde croit impossible ? Avez-vous envie qu'on vous acclame là où on vous méprisait ? Avez-vous envie de savoir pourquoi vous êtes ici et pourquoi Dieu vous a créé ? Avez-vous envie de vous asseoir à la table des rois et de devenir une voix qui compte et qui porte ? C'est désormais possible ! En effet, c'est à cause de tous ces besoins qui accrochent votre cœur que ce recueil se retrouve entre vos mains en ce moment que vous le parcourez. C'est à cause de la vision qui en ivre votre âme et qui vous fait pleurer des fois lorsque les rideaux sont baissés qui explique ce pourquoi vous tenez ce « *cadeau* » entre vos mains. C'est un présent que Dieu vous offre à titre personnel pour que vous entriez dans son secret et viviez la vie que vous devez vivre à la gloire de son nom car vous êtes né tout simplement pour être heureux. C'est donc uniquement pour vous que Dieu m'a inspiré à la rédaction de ce livre de proclamations afin que vous trouviez dans ce programme, la voie que vous avez longtemps cherchée vous permettant de vous connecter à la Source et à votre esprit subconscient de façon consciente afin que vous vous réalisiez. Ainsi, en faisant bon usage de cet outil, par le respect des orientations qui vous y sont indiquées, il est évident que vous aboutirez à des résultats allant au-delà de toutes vos espérances parce que ce que retranscrivent ces lignes requière de la discipline et de la méthode.

A partir de l'usage de ce recueil de proclamations d'impacts, vous allez apprendre à vous aimer, à vous parler à vous-même avec respect et dignité. Vous allez apprendre à accorder aux autres le regard d'attention que vous vous accordez à vous-même. Car vous comprendrez que vous ne pouvez, en vérité, donner aux gens que ce que vous vous donnez déjà à vous-même. C'est une loi immuable : vous ne pouvez rejeter hors de vous que ce que vous avez intégré en vous. Vous allez aussi apprendre à faire totalement confiance à Dieu, à l'aimer et à réaliser que vous êtes le Ciel de Son Royaume, le trône de Sa Gloire, le Ciel au-dessus duquel Il plane et se meut. Vous allez ressentir Dieu et découvrir au cours de ce programme que

Recueil de Proclamations Prophétiques et d'Adoration(RPPA) vol. II

Dieu est plus proche de vous que vous ne l'êtes de vous-même et qu'Il est plus engagé que vous dans votre réussite que vous ne l'êtes vous-même.

 Par ce programme, vous allez apprendre à créer le miracle et arrêter de vous plaindre de la qualité désastreuse de votre vie ou de votre santé parce que vous saurez dès lors que le miracle ne vient pas à un homme ou à une femme par hasard, mais qu'il est le fruit de l'application de lois spirituelles et de l'observation de principes universels que Dieu a Lui-même établi avant le fondement de toute chose. C'est pourquoi la Bible dit que le soleil de Dieu brille sur les bons comme sur les méchants (Matthieu 5/45). Car quiconque touche aux lois et aux principes, quel qu'en soit sa nature, crée le miracle : une clé ne tient nullement compte de l'identité de celui qui la possède, elle ouvre tout simplement la porte qu'elle doit ouvrir au commande de celui qui la met dans la serrure. Mais beaucoup ne le savent pas, ou n'en prennent pas conscience, et pensent que ceux qui expérimentent des grands résultats, les observent dans leur vie soit hasardeusement, soit injustement. Ils n'osent pas imaginer un moment que, dans la vie de ces « *gens-à-miracles* », ce sont les lois et les principes spirituels et universels, en application, qui sont là en marche. Car la plus part des gens sont religieux et ne soupçonnent pas l'existence de ces lois et principes de l'univers qui régissent le cosmos. Tout à fait, beaucoup de gens n'ont pas la connaissance des lois parce qu'ils ne cherchent pas à interroger l'invisible. Ils sont dans le réalisme. En effet, les lois et les principes de l'univers sont le domaine de l'Esprit et de la Vérité et non de la religion de quoi je souhaite, d'ailleurs, vous prévenir. Car la religion est une tragédie pour quiconque souhaiterait rencontrer Dieu et créer la différence dans sa vie. La religion est une prison, elle limite, dogmatise et robotise les gens parce qu'elle est vide d'Esprit ; ce qui est normal, c'est l'œuvre de l'intellect de l'homme et non cette de l'Esprit de Dieu en l'homme.

Cependant, je tiens à souligner clairement que la religion et l'Eglise ne sont pas une même chose car cela a souvent prêté confusion. En effet, l'Eglise est l'œuvre de l'Esprit de Dieu, c'est vous. Vous êtes le lieu d'exercice de l'action de cet Esprit. Car c'est en vous et par vous que le Saint Esprit opère dans le monde. Effectivement, la manifestation de l'Esprit sur les apôtres lors de la pentecôte atteste qu'en vérité, c'est vous qui êtes ce qu'on entend par Eglise, le lieu de manifestation de la puissance de Dieu (Actes 2/1-13), et non une organisation humaine dans un bâtiment ; une religion. Car l'Eglise n'est pas le fruit de l'imagination humaine, c'est la manifestation de l'amour de Dieu dans Sa puissance pour rapprocher l'homme de Lui et lui donner un nouveau statut, celui d'être la lumière du monde comme Lui-même est la lumière de l'éternité (Matthieu 5/14; Apocalypse 21/23). L'Eglise est donc l'amour et la vérité de Dieu pour l'homme en manifestation en l'homme, et le christianisme exprime cet amour et cette vérité de Dieu. Et pour cette raison, il serait judicieux que vous preniez effectivement conscience que le christianisme n'est pas une religion, mais un système de pensées et un mode de vie en rapport avec l'amour et la vérité de Dieu comme l'exprimait Paul aux Romains en disant: « *Et ne vous conformez pas à ce siècle; mais soyez transformés par le renouvellement de votre entendement, pour que vous discerniez quelle est la volonté de Dieu, bonne et agréable et parfaite* » (Romains 12/2). Le christianisme repose donc sur un système de pensées et de vie, lequel système de pensées et de vie correspond à celui de Dieu, un système de pensées et de vie empreint d'amour et de vérité, et non de la religiosité. Car l'amour et la vérité n'ont pas de religion. Ils constituent tout simplement un système de valeurs spirituelles, émotionnelles et cognitives qui révèle la nature et le caractère de Dieu, lesquelles choses l'homme est tenu d'assimiler pour exactement recouvrir l'image et le caractère parfait qu'il tenait de Dieu lorsqu'il fut pensée.

Ceci dit, je tiens à vous dire à travers ce programme que Dieu a préparé les provisions dont Il savait que vous en aurez besoin pendant votre séjour sur terre. Ces provisions, Il les a mis en vous (*vos facultés, vos dons, vos talents…*), et autour de vous (*votre corps, les gens qui vous entourent, les opportunités qui se présentent à vous…*). Cependant, votre responsabilité est de les réveiller et de les manifester, d'une part (Matthieu 25/19-30). Votre responsabilité est aussi de les revendiquer, de les attirer et de les reprendre aux mains des esprits du second ciel, d'autre part (Daniel10/12-13). Changez alors la donne via le renouvellement de votre système de pensées [sur vous, sur les autres, sur Dieu, sur la vie] et par vos proclamations quotidiennes. Car c'est ce que vous confessez régulièrement que vous attirez et que vous devenez finalement vous-même, parce qu'une proclamation régulière est une accumulation d'énergie qui façonne le devenir d'une personne. En effet, plus une énergie cumule, plus elle passe en mode vibratoire, puis en manifestation physique parce que ne pouvant plus que vibrer

Recueil de Proclamations Prophétiques et d'Adoration(RPPA) vol. II

dans le domaine de l'invisible, ni s'y contenir que, elle prend forme. C'est pourquoi Dieu, par la bouche de Paul, disait aux Thessaloniciens de prier sans cesse (1 Thessaloniciens 5/17), parce que la prière contient une puissance vibratoire, laquelle vibration amène les choses à la manifestation physique par le fait qu'une prière amplifiée met en mouvement les forces énergétiques cosmiques pour rendre visible ce que vous déclarez de votre bouche ou visualisez via vos paroles silencieuses (vos pensées). Ainsi, par l'importance de son amplification, votre prière crée, rapidement, moyennement ou lentement, des situations et attire à vous ce que vous désirez ardemment recevoir ou vivre. Elle peut aussi accomplir l'acte contraire, c'est-à-dire attirer le mal ou des choses que vous ne voulez pas forcement. Tout est à ce niveau, dépendant de ce que vous déclarez de votre bouche, mais plus encore, de la nature exacte de vos pensées profondes qui ne trompent jamais car vos résultats sont toujours à leur image et selon leur caractère intrinsèque. En effet, votre vie est liée à ce que vous pensez et à ce qui sort de votre bouche parce que vous êtes l'expression physique des pensées que vous pensez et des paroles que vous prononcez régulièrement. Ainsi, pour avoir proclamé sa victoire sur Goliath, David vécut cette proclamation dans sa chair. (1 Samuel 17/46-50). Votre vie est essentiellement liée à vos pensées profondes et aux paroles que vous prononcez à votre endroit parce que vous êtes le premier prophète de votre vie, ce que les autres disent de vous ne prend forme que si vous accepter de le croire. A ce titre, vous devez savoir que les paroles les plus puissantes que vous entendez, qui vous parviennent et qui orientent le chemin que prend votre existence sont celles que vous vous prononcez. C'est pourquoi Dieu dit : «*La mort et la vie sont au pouvoir de la langue, quiconque l'aime en mangera le fruit.*» (Proverbes.18/21).

Pour tout travail spirituel avec ce programme, **je vous recommande de partir sur une durée de 40 jours**. Car c'est le chiffre de l'accomplissement, de l'aboutissement et de l'élévation. Et c'est pourquoi vous comprenez pourquoi il y eut 40 jours entre la résurrection et l'ascension de Jésus comme décrit en Actes 1/2-3 : « ***jusqu'au jour où il fut enlevé au ciel**, après avoir donné ses ordres, par le Saint-Esprit, aux apôtres qu'il avait choisis. Après qu'il eut souffert, il leur apparut vivant, et leur en donna plusieurs preuves, se montrant à eux **pendant quarante jours**, et parlant des choses qui concernent le royaume de Dieu* ». Le 40e jour est le jour de l'homme nouveau et de l'homme élevé. En effet, après avoir passé 40 jours et 40 nuits dans le désert, « *Jésus s'en retourna en Galilée,* **dans la puissance de l'Esprit**; *et* **sa renommée se répandit par tout le pays d'alentour**.»(Luc 4/14). 40 est le nombre de temps qu'il faut pour changer de statut. C'est le chiffre du changement de paradigme, et c'est pour cette raison que tous ceux qui ont fait l'expérience du chiffre 40, n'en sont pas restés les mêmes au sortir de là. Nous avons à ce titre comme exemple Noé, lors du déluge (Genèse 6 et 7), Moïse, au mont Sinaï (Exode 34), Eli, au désert (1 Rois 19/8)… Toutes ces personnes ont mis ce nombre de temps parce que c'est le temps de la révélation et de l'enseignement de Dieu sur votre vie en vue de la futur merveille que vous allez devenir (d'abord en vous, à partir du 21e jour), et de la gloire que vous allez vivre à cet effet dans votre chair.

Des études tant spirituelles que scientifiques ont prouvées à cet effet que l'esprit humain assimile de nouvelles habitudes après 21 jours. Cela voudrait dire que si vous passez 21 jours à penser ou à faire une même chose, votre subconscient c'est-à-dire la partie de votre esprit qui est au-delà de votre conscience et qui est, en vérité, la grosse partie qui gère toute votre vie, considère que vous êtes réellement ce sur quoi vous projetez votre expectative. A ce propos, il va créer des situations qui vous mettront en phase avec ce sur quoi est projetée votre vision intérieure.

Cela n'est donc pas étonnant que les héritiers de Canaan furent âgés de zéro à 19 ans. En effet, quand vous faites la différence entre les 40 ans passés au désert du peuple d'Israël et les 19 ans qui sont l'âge maximum des bénéficiaires de Canaan, vous trouvez 21ans. Le 21e jour ou la 21e année est donc la période de la naissance de la nouvelle génération c'est-à-dire de la nouvelle personne que vous devenez, [des nouvelles habitudes]. Et les 21 jours et/ou ans vous séparant du 40e sont la période de la croissance et de la maturité qui aboutissent au 40e jour et de l'entrée dans votre bénédiction. 40 est, pour ainsi dire, le chiffre de l'accomplissement. Et faire un travail spirituel avec ce recueil pendant cette période sus indiquée, vous amènera à observer les bénédictions que vous souhaitez recevoir de Dieu au-delà même de toutes vos espérances les plus audacieuses.

Recueil de Proclamations Prophétiques et d'Adoration(RPPA) vol. II

Bon à savoir :

Une étude scientifique a démontré que l'Homme a plus de Soixante mille pensées par jour. Or, c'est la pensée qui crée et elle est puissante. C'est elle qui crée la parole, sans oublier que vous-même vous êtes le résultat d'une pensée. Vous êtes la pensée de Dieu incarnée dans la chair. Car image et pensée sont une même chose. (Génèse1/27). Aussi, la pensée est une prière. En effet, toutes les pensées que vous entretenez en une journée, qu'elles soient bonnes ou mauvaises, sont des prières et elles amènent à vous les résultats équivalents en tant que réponse à votre prière. A ce titre, il est vivement important que vous sachiez que par jour vous faites plus de soixante mille prières aux travers des soixante mille pensées que vous émettez dans la journée.

Et dans ce cas-ci, la nature des pensées prédominantes en vous sont celles qui déterminent la nature des évènements que vous attirez et que vous vivez. Mais, pour reconnaitre la nature de ces pensées que vous pensez, regardez à vos émotions et à vos sentiments parce qu'ils relaient dans le ressentir, les pensées dominantes en vous. C'est pourquoi, si vous avez des pensées à prédominance positive, vos émotions et vos sentiments seront joyeux, amours et réconfortants, mais si vous avez une prédominance de mauvaises pensées, vous aurez des émotions et des sentiments amers : l'état des pensées conditionne l'état des sentiments et des émotions d'une personne. Or, c'est vos sentiments et vos émotions qui attirent à vous les évènements que vous rencontrez car ce sont eux les aimants qui créent l'attraction entre vos pensées et leurs équivalents physiques. Autrement dit, vos émotions et vos sentiments sont sous les ordres de vos pensées et exécutent ses projets. Job l'avait compris lorsqu'il s'exclamait : « *Ce que je crains, c'est ce qui m'arrive ; ce que je redoute, c'est ce qui m'atteint* ». (Job3/25). Ainsi, vos pensées donnent une identité à vos émotions et à vos sentiments qui, à leur tour, manifestent dans votre vie, des situations et des évènements qui créent votre destinée. Autrement dit, tel vous pensez, tel vous êtes (Proverbes 23/7). Puissiez-vous le savoir ! Quelle est donc la nature de la garde-robe des pensées les plus présentes dans votre âme?

Ce programme, *Recueil de Proclamations Prophétiques et d'Adoration (RPPA)*, dans *son Vol. II* que voici, ambitionne, à ce sujet, revoir votre logiciel de pensée afin de vous faire aboutir à une mentalité de personne reprogrammée et à un renouvellement de la vision que vous avez de vous-même, des autres et de Dieu. Ce programme se fixe pour objectif de bouleverser positivement votre vie, de guérir vos blessures, de faire disparaitre les cicatrices qui vous rappellent les douleurs du passé, de remettre les pendules à l'heure, de racheter le temps. En un mot, ce programme cherche à vous aider à vous redécouvrir et à redécouvrir Dieu. Il cherche à vous faire du bien à vous et à tous ceux avec qui vous rentrerez dès à présent en contact parce que vous leur communiquerez votre nouvelle senteur spirituelle, votre Hora. Car, retenez-le, vous pouvez communiquez qui vous êtes aux gens, vos émotions et votre nature. Ainsi, puissiez-vous savoir que le bonheur, tout comme le malheur, est contagieux, ça se communique. Alors c'est votre tours cette fois de communiquer la joie à ceux dont les évènements ont volés le sourire aux lèvres. Car Dieu vous bénit ici.

En effet, cet outil est la preuve qui vous parvient et qui vous atteste des sentiments amoureux qui animent le cœur de Dieu à votre endroit. Ce joyaux est donc ici et maintenant entre vos mains parce que Dieu brule d'un ardent désir de vous bénir et de réexaminer votre statut pour que vous deveniez un atout pour vous et pour les autres. J'en suis personnellement convaincu ! Il va changer le poulet en aigle, le ridicule en miracle et l'âne que les Hommes fouettaient va être monté par le Seigneur et partager sa gloire. (Luc19/35-36). Il va vous placer dans le couloir où Il vous a si longtemps attendu et pour lequel il vous a manifesté dans la chair. Il va ouvrir une page nouvelle pour écrire une nouvelle histoire pour la nouvelle personne que vous devenez à partir de…maintenant.

Toutefois, l'intervention de grand impact de Dieu dans la vie des gens dépend d'un *rendez-vous que ceux-ci prennent avec trois personnes*. En effet, ils prennent souvent rendez-vous avec eux-mêmes, avec Dieu et avec leur système émotionnel et sentimental ! Car *c'est la foi qui vit dans esprit et le système émotionnel et sentimental qui réside dans l'âme qui créent le miracle dans la présence de Dieu*. Ainsi, vous souhaité-je de prendre ce rendez-vous dès maintenant et vous souhaite aussi la grâce de Dieu et que son Esprit vivifie votre esprit et l'aide à trouver sa voie. A ce propos, le souhait ultime que je formule à votre endroit, est que vous réussissiez et que vous fassiez réussir les autres à travers votre réussite à vous, parce que c'est pour cette raison que le monde attend avec impatience votre manifestation (Romains 8/19). Car vous êtes ici pour être une source d'espoir pour

Recueil de Proclamations Prophétiques et d'Adoration(RPPA) vol. II

plusieurs. Je prends alors, pour ainsi dire, rendez-vous avec vous au sommet, à la table des rois du Roi. Amen !

Recueil de Proclamations Prophétiques et d'Adoration(RPPA) vol. II

A propos de l'auteur :

Just ATSAM est un auteur dont les écrits sont le fruit d'intuitions divines. Il est né un 25 août 1988 à Libreville au GABON, un petit pays situé en Afrique Centrale. Il fait très tôt la rencontre avec son Dieu à l'âge de 14 ans. Ainsi, il est tour à tour chantre, diacre, intercesseur, prédicateur, puis exorciste depuis 2006 et rejoint le conseil des anciens de l'église à l'Eglise Evangélique du Gabon en 2011. Il fait, grâce au Saint Esprit, de nombreuses découvertes à propos de lois et principes spirituels dans sa marche avec Dieu. Dans cette expérience de vie avec la Conscience Supérieure, ATSAM finit par comprendre que Dieu est proche de tous, en tous et agit pareillement avec tous. Il réalise aussi que le niveau auquel Dieu impacte la vie d'une personne ne dépend pas des agissements de Dieu vis-à-vis de cette personne, mais de la position de cette personne vis-à-vis de Dieu. Il comprend pour ainsi dire, depuis cette aventure en Dieu et avec Dieu qu'il qualifie d'extra-fantastico-formidable, que l'attitude détermine l'altitude et que toute personne marche inexorablement dans la direction des yeux de son esprit, que ce soit une direction désirée ou non. Ainsi, ATSAM a adopté, face à Dieu, une attitude de foi et d'audace qui l'a amené où il en est aujourd'hui, après un passé douloureux, sombre et morbide dans lequel l'espérance était imprévisible. Actuellement, Just ATSAM fait des études de linguistique appliquée et avancée à l'université de Tours, en France, en attente de quelque chose de bien plus merveilleux encore. Car il sait que Dieu a pour lui des projets de paix et de bonheur pour lui donner un avenir heureux et de l'espérance, et il sait que ces paroles sont vivantes et vraies.

Recueil de Proclamations Prophétiques et d'Adoration(RPPA) vol. II

Biographie:

Ses ouvrages :

- *Recueil de proclamations Prophétique et d'Adoration(RPPA), vol. I.* Ed. Croix du Salut, 2014, Saarbrücken, Allemagne.

- *L'Histoire de Just.* Ed. Croix du Salut, 2015, Saarbrücken, Allemagne.

- *Recueil de proclamations Prophétique et d'Adoration(RPPA), vol. II.* Ed. Croix du Salut, 2015, Saarbrücken, Allemagne.

- *Le Centre du Jardin et ses Mystères*, Ed. Edilivre, 2015, Paris, France.

Réparation intérieure

Pour vous emplir d'un sentiment de joie, de plénitude et bonheur.

Pour éliminer la frustration, le stress, la mauvaise humeur, la dépression et tous les sentiments qui volent le sourire aux lèvres de gens.

Vous devenez ce que vous ressentez. Car le ressentir est l'aimant qui attire à vous ce que vous ressentez véritablement. Ce que vous ressentez est toujours plus fort que ce que vous dites c'est pour cette raison que vous devez comprendre que votre vie repose entièrement sur ce que vous ressentez. Car ce que vous ressentez dévoile vos véritables pensées, donc l'état de votre cœur. Vos émotions sont la voix de votre cœur en discours. Or, il est dit : « *Garde ton cœur plus que toute autre chose, car de lui viennent les sources de la vie.* » (Proverbes 4/23). Comprenez alors par-là que votre bonheur, entendu par « *source de la vie* », réside dans votre cœur, il dépend totalement de votre système de pensées car c'est lui qui conditionne vos sentiments, vos émotions, vos faits et gestes, vos envies et vos choix de vie. Toutes ces choses dépendent de la personne de vos pensées. Mais comme il vous est impossible de contrôler vos soixante mille pensées par jour, commandez vos sentiments à travers des proclamations positives qui influenceront votre être subconscient qui n'est autre que votre esprit encore appelé cœur. Et vous ne manquerez pas de constater que vous vous sentez biens et que vous attirez désormais plus de bien à vous. Car on attire ce qu'on ressent. (Ezéchiel 11/8 ; Job 3/25).

Pour la réussite de cette proclamation, vous devez vous mettre en phase avec la consigne qui va suivre. Elle est à la deuxième personne parce que je souhaite que vous vous sentiez directement concerné.

Consigne :

- **Assois-toi correctement droit et ferme les yeux. Inspire et expire de l'air longuement et lentement trois fois de suite.** C'est pour ramener tes pensées dispersées à se concentrer sur un seul objectif. **Car une mémoire ou une personne dispersée atteint difficilement ses objectifs.** La dispersion est une dépense d'énergie et la voie sûr de l'échec. (Luc 10 /41-42). Ne fais qu'une chose à la fois, ne poursuit qu'un but à la fois (1 Corinthiens 9/24). C'est le premier secret du succès et de la réussite.
- **Pense à ce que tu as et qui te fait du bien.** C'est une attitude de gratitude qui plaît à Dieu parce que ta reconnaissance le glorifie, et est honorable à son cœur (Psaume 50/23 ; Ephésiens 5/20 ; 1 Thessaloniciens 5/19). **Ta reconnaissance est une clé qui t'ouvre les portes de la grâce prochaine.** C'était le secret des victoires de David. Il était reconnaissant à Dieu pour les succès du passée et c'est pourquoi il en remportait d'autres. (1Samuel 17/33 ; 37 et 50). Ressens la joie et l'amour dans ton cœur et ne te limite pas seulement à un simple exercice mental, car c'est le ressenti qui déclenche le processus du miracle. Ressens la joie ! (1 Thessaloniciens 5/16). C'est le deuxième secret du succès et de la réussite.
- **Commence à bénir Dieu pour son amour pour toi. Remplis-toi des émotions agréables et ressens sa présence en toi et autour de toi** et ouvre progressivement les yeux.
- **Exécute la proclamation avec Foi, Amour et Force (FAF) pendant quinze (15) minutes** en t'appropriant les mots de ladite proclamation comme s'ils étaient de toi. Mais **si tu prends plusieurs proclamations à la fois, accorde dix (10) minutes à chacune d'elles.** Ne va pas vite et ne te précipite pas. Prends ton temps et tu ressentiras la présence de Dieu. Car ces proclamations prophétiques sont des prières. Et **prier c'est faire l'amour avec Dieu.** Or, l'amour est patient et doux. Sois ainsi pendant cet exercice.
- Je te conseille d'**exécuter ces proclamations chaque matin très tôt avant de quitter le lit et chaque soir avant de t'en dormir.** Car ce sont les moments propices où l'esprit est plus disposé et ouvert. Mais c'est le mouvement de l'Esprit de Dieu qui doit davantage avoir ton intérêt que cet horaire que je te propose en vue de t'orienter.

N.B : *Cette consigne est valable pour toutes les proclamations de ce programme. Il faut nécessairement commencer par elle. Car elle te permet de* *te mettre en état de réception qui est cette attitude qui vient à toi via le silence et la méditation, parce que, rappelles-toi, Dieu est dans l'espace du silence et c'est à ce seul endroit que tu peux le rencontrer et rentrer en contact avec Lui.*

Toutefois, si tu prends plus d'une proclamation à la fois, la seule fois que tu exécutes la consigne est suffisante pour toute la séance.

Proclamation n°1

Je proclame que ma vie ne dépend pas de l'avis des gens, mais de Dieu seul !

Désormais, je serai moi-même et me distinguerai de la foule !

Je ne m'assimilerai plus à elle pour qu'elle m'accepte parce que l'acceptation de Dieu me suffit !

Je proclame que je ne serai plus jamais impressionné ni influencé par l'avis des gens à mon sujet !

Car je sais que je ne suis pas responsable de ma réputation, mais j'ai la responsabilité de forger ma personnalité !

Ainsi, je refuse dès à présent que mon esprit profond se fasse de la peine à cause des frustrations des gens à mon endroit !

Je refuse de laisser le contrôle de ma vie au gens en leur donnant la possibilité de manipuler mes humeurs, mes sentiments et ma paix intérieure !

Je proclame que mon être intérieur est en paix !

Il baigne dans un silence absolu et ce silence produit à chaque fois beaucoup plus de silence en moi car je suis la demeure de l'Esprit qui pense !

Je proclame que je suis en paix et je me sens bien en moi !

Je proclame qu'il y a de l'ordre en moi et que la loi de l'ordre opère dans mon esprit profond car c'est la première loi de Dieu !

Recueil de Proclamations Prophétiques et d'Adoration(RPPA) vol. II

Je déclare que Dieu qui plane au-dessus du troisième ciel qu'est mon esprit illumine tout mon être et je me sens bien depuis les racines de mon esprit planté en la Source Diétale qu'Il est !

Le Saint Esprit circule dans mon être et opère en moi les mêmes réparations qu'Il avait entrepris sur la terre informe et vide !

C'est pourquoi je proclame que mes blessures intérieures sont guéries et je suis de nouveau un paradis de la Conscience Supérieure qui vit en moi !

A cause de la terre de paix que je suis et du paradis de Dieu que Dieu s'est faite, je proclame que je suis inondé de bonnes pensées, de bons sentiments, de bonnes émotions et je suis en parfaite santé !

Je ressens une sensation de bien-être depuis l'origine de mon esprit, mon âme se vivifie dans mon sang et mon corps se trouve réparé !

Je proclame que je me sens bien dans mon esprit et mon âme dégage l'expression des pensées de Dieu !

Je suis joyeux, je suis amour et le bonheur réside en moi à chaque instant !

Quand bien même mes sentiments voudraient de dérober, ils reviennent dans l'immédiateté baigner dans l'océan de l'amour, de la joie, du bonheur et de la bonne émotion !

Mon esprit est en harmonie avec l'Esprit Source, mon âme pense les pensées de Dieu et mon corps est en phase avec la terre d'Eden !

Je suis en paix avec mon propre esprit, je me sens bien et j'aime voir les hommes car sur chaque visage, je vois Dieu me sourire !

Et sur ceux de mes ennemis, je vois Dieu me bénir !

C'est pourquoi je proclame la paix dans le ciel en moi !

Je déclare que je suis en paix avec moi-même et avec toute l'humanité car je suis en paix avec Dieu qui m'apparait sur tous les visages, et mon esprit profond jubile !

Je proclame que je suis la Montagne de Dieu !

Recueil de Proclamations Prophétiques et d'Adoration(RPPA) vol. II

Je suis la fontaine scellée de Sa gloire !

Je suis la lumière inaccessible où la frustration, le stress, la mauvaise humeur, la dépression, la maladie et toutes les autres choses qui volent le sourire ne peuvent arriver !

Car Dieu garde mon cœur entre ses mains comme une rose délicate pour que je sois toujours alimenté à la Source du bonheur qu'Il est !

Je proclame que je me sens bien, et les sept Esprits de Dieu se tiennent aux sept portes de ma vie !

Et je ressens une sensation de plénitude intérieure qui me rappelle que Dieu est en moi et qu'Il est entrain de parachever le renouvellement de la glorieusement majestueuse terre que je suis !

Au Dieu de ma manifestation parfaite, de mon bonheur intérieur et de mon éternité soient les louanges de mon corps, de mon âme et de mon esprit !

Merci, merci, merci...

Recueil de Proclamations Prophétiques et d'Adoration(RPPA) vol. II

Je suis toujours à 37

Pour attirer la bonne forme physique, la bonne émotion et la bonne spiritualité.

Pour proclamer la bonne santé sur vous.

Sachez que votre santé ne dépend pas du médecin, mais de vous-même. Le médecin soigne le corps, mais c'est votre esprit qui le guérit. En d'autres mots, je voudrais vous dire que votre guérison et votre bonne santé partent de votre esprit comme il est écrit : « *Le cœur joyeux fait du bien à la santé* » (Proverbes 17/22). La joie dégage une bonne émotion, une émotion réparatrice, tant dis que la tristesse secrète de l'acide dans le sang et crée la maladie. Car L'humeur est comme un climat spirituel. Et il y a des climats ou rien de bon ne pousse ; c'est le cas de la mauvaise humeur. Croire en votre bonne santé en le manifestant par un sentiment de joie est tout ce qu'il vous faut pour être en bonne santé, quand bien même, vous seriez malade. Ce qui compte, c'est ce en quoi vous croyez et avec quelle intensité vous y croyez. Ainsi, croyez en votre bonne santé et soyez joyeux, elle se manifestera.

N'oubliez pas en même temps que la joie trouve sa source en Dieu car il y a d'abondantes joies devant Sa face (Psaume 16/11). Elle garantit la vigueur d'un jeune et donc la bonne santé à quiconque la possède comme il est dit : « *Il rend ta bouche joyeuse, et comme l'aigle tu seras toujours jeune.* » (Psaume 103/5). Sentez-vous bien intérieurement et vous vous porterez donc bien extérieurement.

Cette proclamation va vous y aider.

Pour la réussite de cette proclamation, vous devez vous mettre en phase avec la consigne qui va suivre. Elle est à la deuxième personne parce que je souhaite que vous vous sentiez directement concerné.

<u>Consigne :</u>

Recueil de Proclamations Prophétiques et d'Adoration(RPPA) vol. II

- **Assois-toi correctement droit et ferme les yeux. Inspire et expire de l'air longuement et lentement trois fois de suite.** C'est pour ramener tes pensées dispersées à se concentrer sur un seul objectif. **Car une mémoire ou une personne dispersée atteint difficilement ses objectifs.** La dispersion est une dépense d'énergie et la voie sûr de l'échec. (Luc 10 /41-42). Ne fais qu'une chose à la fois, ne poursuit qu'un but à la fois (1 Corinthiens 9/24). C'est le premier secret du succès et de la réussite.
- **Pense à ce que tu as et qui te fait du bien.** C'est une attitude de gratitude qui plaît à Dieu parce que ta reconnaissance le glorifie, et est honorable à son cœur (Psaume 50/23 ; Ephésiens 5/20 ; 1 Thessaloniciens 5/19). **Ta reconnaissance est une clé qui t'ouvre les portes de la grâce prochaine.** C'était le secret des victoires de David. Il était reconnaissant à Dieu pour les succès du passée et c'est pourquoi il en remportait d'autres. (1Samuel 17/33 ; 37 et 50). Ressens la joie et l'amour dans ton cœur et ne te limite pas seulement à un simple exercice mental, car c'est le ressenti qui déclenche le processus du miracle. Ressens la joie ! (1 Thessaloniciens 5/16). C'est le deuxième secret du succès et de la réussite.
- **Commence à bénir Dieu pour son amour pour toi. Remplis-toi des émotions agréables et ressens sa présence en toi et autour de toi** et ouvre progressivement les yeux.
- **Exécute la proclamation avec Foi, Amour et Force (FAF) pendant quinze (15) minutes** en t'appropriant les mots de ladite proclamation comme s'ils étaient de toi. Mais **si tu prends plusieurs proclamations à la fois, accorde dix (10) minutes à chacune d'elles**. Ne va pas vite et ne te précipite pas. Prends ton temps et tu ressentiras la présence de Dieu. Car ces proclamations prophétiques sont des prières. Et **prier c'est faire l'amour avec Dieu**. Or, l'amour est patient et doux. Sois ainsi pendant cet exercice.
- Je te conseille d'**exécuter ces proclamations chaque matin très tôt avant de quitter le lit et chaque soir avant de t'en dormir.** Car ce sont les moments propices où l'esprit est plus disposé et ouvert. Mais c'est le mouvement de l'Esprit de Dieu qui doit davantage avoir ton intérêt que cet horaire que je te propose en vue de t'orienter.

<u>**N.B :**</u> *Cette consigne est valable pour toutes les proclamations de ce programme. Il faut nécessairement commencer par elle. Car elle te permet de*

Recueil de Proclamations Prophétiques et d'Adoration(RPPA) vol. II

te mettre en état de réception qui est cette attitude qui vient à toi via le silence et la méditation, parce que, rappelles-toi, Dieu est dans l'espace du silence et c'est à ce seul endroit que tu peux le rencontrer et rentrer en contact avec Lui.

Toutefois, si tu prends plus d'une proclamation à la fois, la seule fois que tu exécutes la consigne est suffisante pour toute la séance.

Proclamation n°2

Je suis un palais verdoyant et je suis éclaboussé de la gloire de Dieu en tout lieu de moi!

Je me sens merveilleusement bien dans ma chair et ce, tous les jours de ma vie !

La fièvre ne peut pas me regarder en face car je brille de la lumière de Dieu et je scintille de Sa Majesté !

Ma température ne chute jamais ni ne monte, et quand bien même elle voudrait monter, Dieu qui vit en moi la règle à 37, car c'est la température requise pour le palais de vie et de Magnificence que je suis !

A 37, Dieu se sent bien en moi et je ressens ses promenades au premier, au deuxième, et au troisième ciel de la triade que je suis. Et je le sens se mouvoir au-dessus de ces cieux !

Dieu dépouille la peste et tous les ravageurs de bonne santé de toute nature qui voudraient s'en prendre à mon corps qui n'existe que pour être en bonne santé !

Dieu me garde à 37 parce que 3+7=10 et 10=1+0 et 1+0=1. 1, c'est Dieu !

Ainsi, ma température corporelle c'est Dieu Lui-même !

Et mon corps est à 37 parce qu'il est dans la dimension de Dieu, c'est Sa propriété exclusive, le lieu d'aise de Son Esprit !

Je suis la convoitise de Dieu et nul ne peut me ravir de Sa main, même pas la maladie, car Il est la Chambre Haute de bonne santé !

Recueil de Proclamations Prophétiques et d'Adoration(RPPA) vol. II

Aucun état de fièvre ne peut m'aborder car le propriétaire de ma vie ne dors ni ne sommeil !

Il veille aux portes de mes pensées, de mes sentiments, de mes émotions et de ma santé !

Il veille éternellement sur le bon fonctionnement de Son palais !

Je ne crains rien, car le médecin de tout mon être réside dans les profondeurs de mon tréfonds !

Les nuits alors que je dors, Il procède toujours aux réparations de tout mon être !

Il renouvelle souvent les cellules de mon corps, mon sang, ma peau et régule les battements de mon cœur !

A chaque réveil, je fais toujours l'expérience d'un renouveau incessant !

Je proclame que je suis une pure merveille, et je vie à chaque réveil un moment de pure perfection !

Je proclame que la bonne santé existe pour moi !

Dieu s'est révèle comme El-Rapha juste parce qu'Il avait pensée à ma santé parfaite !

C'est pourquoi je proclame ma sureté en Dieu !

Je suis jovial et je garde le sourire et je le communique à tous ceux que je croise car je suis un centre de restauration et de parfaite harmonie divine !

Au Dieu de ma bonne portance qui se meut au-dessus du troisième de moi et qui jubile dans les 37 en moi, soient toute la gloire, la majesté, la magnificence et la longanimité depuis le premier ciel jusqu'au-dessus des cieux en moi.

Merci, merci, merci...

Recueil de Proclamations Prophétiques et d'Adoration(RPPA) vol. II

Que les linteaux s'élèvent

Pour briser le Moi et laisser Dieu prendre toute la place en vous.
Pour augmenter votre confiance en Dieu.

Les portes de l'habitation de Dieu dans le Psaume 24/7-8 sont ordonnées de s'ouvrir pour permettre au Dieu d'Alliance de faire son entrée. Comprenez que les portes éternelles qui mènent à la Schékina de Dieu en vous est votre âme qui, à travers vos dizaines de milliers de pensées, vacille dans tous les sens et dont l'instabilité est sans fin. Cet état d'inconstance n'est pas favorable à l'entrée en exercice du Roi de gloire. Car Dieu est un Dieu d'ordre, à Son entrée tout est tenu de se tenir dans un état d'humilité et d'abaissement total et de disponibilité comme il est écrit en Zacharie 2/13«*Que toute chair fasse silence devant l'Eternel! Car il s'est réveillé de sa demeure sainte.* » En d'autres termes, tout votre être doit être au silence quand Dieu se manifeste en vous, et cela voudrait dire que la mouvance de votre âme qui agite votre corps dans tous les sens doit cesser et l'intérêt de votre âme ne se porter que sur la seule personne de Dieu. Ainsi, sont-ce les vagues[vos pensées], qui marquent l'instabilité de votre âme qui doivent arrêter de s'agiter au fond de vous, et se sont elles aussi qui doivent se réduire au silence et ne rester concentrée que sur la personne de Dieu seule tout en ne gardant en souvenir que Ses bienfaits pour Lui permettre une connexion avec vous comme il est écrit : « *Souviens-toi de tout le chemin que l'Eternel, ton Dieu, t'a fait faire pendant ces quarante années dans le désert, afin de t'humilier et de t'éprouver, pour savoir quelles étaient les dispositions de ton cœur et si tu garderais ou non ses commandements....* » (Deutéronome 8/2,16). Les linteaux représentent votre Moi (égo) en émoi par vos pensées et qui doit faire place à l'Esprit de Dieu en vous pour gouverner votre vie. L'élévation de ces linteaux équivaut donc à la diminution du Moi en faveur de la Croissance de la Conscience Supérieure, Dieu. C'est pour cette raison que Jérémie disait : « *Recherchons nos voies [MOI], et sondons, et retournons à l'Eternel, [DIEU].* »(Lamentations3/40). Autrement dit, c'est à travers la révision de vos pensées que vous revenez à Dieu et c'est également après analyse de ce votre système de pensées que Dieu entre en mouvement dans votre vie, s'Il trouve votre cœur juste. Car Il conduit les humbles dans la justice, et Il leur enseigne Sa voie. (Psaume 25/9).

Recueil de Proclamations Prophétiques et d'Adoration (RPPA) vol. II

Cette proclamation va vous aider à anéantir la pression de votre Moi en vous et y permettre la Croissance de Dieu. Mais ne l'oubliez pas ; le Moi ne meurt jamais pour de bon. Quand vous le clouez au bois, il veut toujours y ressusciter. Une pratique régulière de cette proclamation vous sera alors d'une grande utilité.

Pour la réussite de cette proclamation, vous devez vous mettre en phase avec la consigne qui va suivre. Elle est à la deuxième personne parce que je souhaite que vous vous sentiez directement concerné.

Consigne :

- **Assois-toi correctement droit et ferme les yeux. Inspire et expire de l'air longuement et lentement trois fois de suite**. C'est pour ramener tes pensées dispersées à se concentrer sur un seul objectif. **Car une mémoire ou une personne dispersée atteint difficilement ses objectifs**. La dispersion est une dépense d'énergie et la voie sûr de l'échec. (Luc 10 /41-42). Ne fais qu'une chose à la fois, ne poursuit qu'un but à la fois (1 Corinthiens 9/24). C'est le premier secret du succès et de la réussite.
- **Pense à ce que tu as et qui te fait du bien.** C'est une attitude de gratitude qui plaît à Dieu parce que ta reconnaissance le glorifie, et est honorable à son cœur (Psaume 50/23 ; Éphésiens 5/20 ; 1 Thessaloniciens 5/19). **Ta reconnaissance est une clé qui t'ouvre les portes de la grâce prochaine**. C'était le secret des victoires de David. Il était reconnaissant à Dieu pour les succès du passée et c'est pourquoi il en remportait d'autres. (1Samuel 17/33 ; 37 et 50). Ressens la joie et l'amour dans ton cœur et ne te limite pas seulement à un simple exercice mental, car c'est le ressenti qui déclenche le processus du miracle. Ressens la joie ! (1 Thessaloniciens 5/16). C'est le deuxième secret du succès et de la réussite.
- **Commence à bénir Dieu pour son amour pour toi. Remplis-toi des émotions agréables et ressens sa présence en toi et autour de toi** et ouvre progressivement les yeux.
- **Exécute la proclamation avec Foi, Amour et Force (FAF) pendant quinze (15) minutes** en t'appropriant les mots de ladite proclamation comme s'ils étaient de toi. Mais **si tu prends plusieurs proclamations à la**

fois, accorde dix (10) minutes à chacune d'elles. Ne va pas vite et ne te précipite pas. Prends ton temps et tu ressentiras la présence de Dieu. Car ces proclamations prophétiques sont des prières. Et **prier c'est faire l'amour avec Dieu**. Or, l'amour est patient et doux. Sois ainsi pendant cet exercice.

- Je te conseille d'**exécuter ces proclamations chaque matin très tôt avant de quitter le lit et chaque soir avant de t'en dormir.** Car ce sont les moments propices où l'esprit est plus disposé et ouvert. Mais c'est le mouvement de l'Esprit de Dieu qui doit davantage avoir ton intérêt que cet horaire que je te propose en vue de t'orienter.

N.B : *Cette consigne est valable pour toutes les proclamations de ce programme. Il faut nécessairement commencer par elle. Car elle te permet de te mettre en état de réception qui est cette attitude qui vient à toi via le silence et la méditation, parce que, rappelles-toi, Dieu est dans l'espace du silence et c'est à ce seul endroit que tu peux le rencontrer et rentrer en contact avec Lui.*

Toutefois, si tu prends plus d'une proclamation à la fois, la seule fois que tu exécutes la consigne est suffisante pour toute la séance.

Proclamation n°3

Que les portes de mon âme s'ouvrent, le Maître des biens se tiens aux portes fortifiées de mon second Ciel !

J'ordonne aux vagues de mes pensées de se tenir au repos car le Père de la Pensée Source est aux parvis de mon esprit !

J'ordonne aux linteaux de mon corps de s'élever car le Roi de gloire doit propager Sa gloire dans les cellules de mon corps !

Il doit redonner vie à toute partie de mon corps en sommeil et/ou morte !

J'ordonne aux linteaux de l'adultère, de la fornication et de toutes formes d'impudicité de s'élever car La Sainteté de tous les âges compte inonder tout mon corps de Sa Sainteté !

Recueil de Proclamations Prophétiques et d'Adoration(RPPA) vol. II

Que les linteaux de mon corps s'élèvent afin que se repende telle une tache d'huile le parfum de Sa Majesté en tout recoin de mon enveloppe physique, car je veux être parfait de la perfection du Ciel !

Je commande aux taureaux qui entourent mon cœur et qui retiennent mon cœur de fondre et de disparaitre loin de moi car le Maître de mon cœur prend dès à présent la première place dans mon esprit et dans ma vie !

Que les linteaux de mon âme s'élèvent et face place à Dieu dans Sa Schékina au cœur de mon esprit !

Je proclame que dès à présent, je ressens les émotions de Dieu et la nuée de Ses pensées se repend et remplit mon second ciel !

Tous les linteaux de mon âme s'élèvent et aucun d'entre eux ne reste sans faire place au Roi de gloire qui, désormais plane dans mon second jardin !

L'Omniscient, Le Toujours présent marque mon second ciel de Son sceau de vie et y extirpe toute pensée, émotion ou sentiment défectueux !

Les portes de mon âme sont largement ouvertes et Dieu est assis au Sinaï de mon esprit, Sa gloire parfaite rend parfaite mon âme et toutes les régions qui la font portent désormais le visage de Dieu !

Dieu est tout en moi et Son règne s'exerce au-dessus de mon esprit et impacte mon esprit, mon âme et mon corps !

Je proclame que Dieu est la richesse de mon cœur et celui-ci ne s'attend qu'a Lui car Il a pris la place de l'espérance qui cherchait un Dieu dans mon tréfonds !

Je déclare que Dieu règne dans la quatrième dimension de mon être. Il opère dans mon subconscient et rien en moi ne Lui résiste car je suis Son élément. L'élément dans lequel Il déploie tout simplement Sa nature de Dieu !

Je proclame que l'amour, la miséricorde, la patience, la sagesse, la volonté et l'ordre règnent en moi et gouvernent ma vie !

Tous les linteaux de mes trois cieux sont ouverts et tous les secteurs de ma vie baignent dans une lumière infinie et le succès me cherche et me trouve à quels qu'en droit ou à quels que temps que ce soit !

Recueil de Proclamations Prophétiques et d'Adoration(RPPA) vol. II

Je proclame que le Dieu de gloire règne et je suis le Royaume dans lequel Il règne de toute éternité !

Je suis Sa montagne ; le Sinaï et le Sion de Sa demeure !

Je suis le Sion que l'Eternel a choisi. Je suis le lieu qu'Il a désiré pour Sa demeure et Il vit en moi. Il est le Maître de la maison que je suis et que je demeure pour Son Esprit que rien ne peut contenir !

Je proclame l'humilité dans mon tréfonds et déclare que mes pensées se tiennent au silence car la voix de Dieu est la seule voix qui se laisse entendre dans tous les quartiers de mon âme !

Tout en moi est en expression de gloire car les portes de mon esprit, de mon âme et de mon corps se sont ouvertes et se prosternent dans la présence de Dieu qui règne et vit en moi depuis la quatrième dimension en passant par mon troisième, mon second et mon premier ciel !

Merci, merci, merci…

Recueil de Proclamations Prophétiques et d'Adoration(RPPA) vol. II

Je suis malade d'amour

Pour augmenter votre amour vis-à-vis de Dieu.

Comme je vous le disais depuis l'entame de ce programme, à savoir que vous devenez ce que vous confesser de votre bouche et même des seules pensées que vous entretenez en vous. Ainsi, dire de tout votre cœur et régulièrement que vous aimez quelqu'un ou quelque chose, vous finirez par l'aimer. Car votre esprit profond prend en compte tout ce que vous dites, même en blaguant, il prend tout en compte : votre subconscient n'a pas le sens de l'humour, sachez-le. Et si vous dites ce que vous dites en associant votre émotion, vous vous rendrez très vite compte que ce que vous avez entretenu, non seulement en pensées, mais aussi en émotions, aura vite fait de trouver son correspondant physique. Car l'émotion est ce qui provoque le magnétisme et qui vous amène sous la fréquence qui correspond aux émotions et sentiments que vous entretenez en vous. Il est écrit : « *Ce que **craint** le méchant lui arrive, mais le **désir** des justes Dieu l'accorde.*» (Proverbes 10/24). Craindre renvoie à la peur qui est une émotion ressentie généralement en présence ou dans la perspective d'un danger ou d'une menace. Pour sa part, désirer c'est aspirer consciemment à quelque chose dont la possession ou la réalisation comble un besoin de l'âme, de l'esprit ou du corps. Ainsi, constatez-vous que la crainte et le désir sont tous deux des sentiments et ils attirent des correspondants physiques c'est-à-dire des choses qui équivalent à la nature des sentiments ressentis. Dire donc à Dieu de tout votre cœur et avec émotions que vous l'aimez, même si vous ne manifestez pas encore cette amour, vous amènera inéluctablement a l'aimer. Cette proclamation va donc vous aider à ressentir un peu plus d'amour pour Dieu et vis-versa. Car Dieu vous retournera toujours votre offrande pour vous encourager à continuer à bien agir envers vous, en vers Lui et envers les autres.

Pour la réussite de cette proclamation, vous devez vous mettre en phase avec la consigne qui va suivre. Elle est à la deuxième personne parce que je souhaite que vous vous sentiez directement concerné.

Consigne :

Recueil de Proclamations Prophétiques et d'Adoration(RPPA) vol. II

- **Assois-toi correctement droit et ferme les yeux. Inspire et expire de l'air longuement et lentement trois fois de suite.** C'est pour ramener tes pensées dispersées à se concentrer sur un seul objectif. **Car une mémoire ou une personne dispersée atteint difficilement ses objectifs.** La dispersion est une dépense d'énergie et la voie sûr de l'échec. (Luc 10 /41-42). Ne fais qu'une chose à la fois, ne poursuit qu'un but à la fois (1 Corinthiens 9/24). C'est le premier secret du succès et de la réussite.
- **Pense à ce que tu as et qui te fait du bien.** C'est une attitude de gratitude qui plaît à Dieu parce que ta reconnaissance le glorifie, et est honorable à son cœur (Psaume 50/23 ; Ephésiens 5/20 ; 1 Thessaloniciens 5/19). **Ta reconnaissance est une clé qui t'ouvre les portes de la grâce prochaine.** C'était le secret des victoires de David. Il était reconnaissant à Dieu pour les succès du passée et c'est pourquoi il en remportait d'autres. (1Samuel 17/33 ; 37 et 50). Ressens la joie et l'amour dans ton cœur et ne te limite pas seulement à un simple exercice mental, car c'est le ressenti qui déclenche le processus du miracle. Ressens la joie ! (1 Thessaloniciens 5/16). C'est le deuxième secret du succès et de la réussite.
- **Commence à bénir Dieu pour son amour pour toi. Remplis-toi des émotions agréables et ressens sa présence en toi et autour de toi** et ouvre progressivement les yeux.
- **Exécute la proclamation avec Foi, Amour et Force (FAF) pendant quinze (15) minutes** en t'appropriant les mots de ladite proclamation comme s'ils étaient de toi. Mais **si tu prends plusieurs proclamations à la fois, accorde dix (10) minutes à chacune d'elles.** Ne va pas vite et ne te précipite pas. Prends ton temps et tu ressentiras la présence de Dieu. Car ces proclamations prophétiques sont des prières. Et **prier c'est faire l'amour avec Dieu.** Or, l'amour est patient et doux. Sois ainsi pendant cet exercice.
- Je te conseille d'**exécuter ces proclamations chaque matin très tôt avant de quitter le lit et chaque soir avant de t'en dormir.** Car ce sont les moments propices où l'esprit est plus disposé et ouvert. Mais c'est le mouvement de l'Esprit de Dieu qui doit davantage avoir ton intérêt que cet horaire que je te propose en vue de t'orienter.

N.B : *Cette consigne est valable pour toutes les proclamations de ce programme. Il faut nécessairement commencer par elle. Car elle te permet de* *te mettre en état de réception qui est cette attitude qui vient à toi via le silence et la méditation, parce que, rappelles-toi, Dieu est dans l'espace du silence et c'est à ce seul endroit que tu peux le rencontrer et rentrer en contact avec Lui.*

Toutefois, si tu prends plus d'une proclamation à la fois, la seule fois que tu exécutes la consigne est suffisante pour toute la séance.

Proclamation n°4

Je suis malade d'amour, je souffre d'une sainte souffrance amoureuse en Dieu !

Il a envahi tout mon corps et toutes mes cellules portes la marque de Dieu !

Quand Dieu me touche, mon cœur bat !

Quand Dieu me regarde, ma démarche change !

Quand Il m'en lasse, je voudrais que l'éternité nous trouve là, car je suis malade d'amour, je souffre de Dieu !

C'est une souffrance jouissante et je n'ai pas envie de m'en séparer, c'est pour cela, Dieu que j'aime, que je te livre mon esprit, mon âme et mon corps !

Prend tout mon être et dispose de lui, fais-en ce que tu veux. Marque le des marque que tu veux !

Fonds-toi en mon être et laisse-le se mêler à ton corps christique et que nous formions une unité car je veux me perdre en Toi pour me retrouver en moi !

Je suis malade d'amour et je souffre de Dieu qui illumine les sept portes des Elohim en moi !

Je suis plein de joie et une paix intérieure inexprimable beigne mon cœur. Je me sens bien et mes pensées sont toujours portées vers Dieu assis en dessus des cieux en mon cœur !

Recueil de Proclamations Prophétiques et d'Adoration(RPPA) vol. II

Je me sens renouvelé chaque fois que je porte une pensée vers Dieu. Je me sens transporté et un sentiment de plein accomplissement raisonne comme en écho depuis les profondeurs de mon esprit !

Je suis heureux et comblé !

Tous les sentiments de Dieu sont mes sentiments et je ressens en moi Ses désirs profonds comme si ils étaient miens car Dieu et moi formons un seul Esprit et nos âmes sont confidentes entre elles !

Toi et moi, nous avons désormais un cœur unique car je ne veux plus penser par moi-même. Je veux penser à partir de Toi et exister à partir de Toi !

Je veux me perdre si Tu Te perds et me retrouver quand Tu réapparais. Je veux que là où tu es, que j'y sois, que qui tu es, je le sois !

Je ne veux plus avoir d'âme à moi. Je veux avoir ton âme, car sans Toi je ne suis pas. Mais avec Toi, je suis tout ce que tu es !

Je me perds en Toi en moi pour me retrouver car Tu es ma référence, ma provenance et ma destinée !

Seigneur, je t'aime trop et j'en veux encore. Car il y a encore de la place en mon cœur pour accueillir de l'amour et pour davantage t'aimer !

Je suis l'épouse de ton Esprit !

Je proclame que je m'assois à Tes pieds de Dieu pour T'écouter car le son de Ta voix m'en ivre d'amour !

Mon cœur est au ciel, car Dieu l'a pris avec Lui !

Mon corps, mon âme et mon cœur palpitent car Le Divin m'a conquis !

Ainsi, j'attache mon esprit à l'Esprit du Divin, j'oublie mon âme au sien et je laisse mon corps se Christifier en Jésus !

Car je suis maladivement malade d'amour en Dieu qui reste le seul remède à ma sainte douleur !

Recueil de Proclamations Prophétiques et d'Adoration(RPPA) vol. II

J'entends la voix de Dieu même lorsqu'Il parle en pensées et je Le vois passer çà et là sur les visages de la création sainte et parfaite de la terre !

Je proclame que j'aime Dieu et je ressens Sa divine présence en mon esprit augmenter mon amour envers Lui, et je communique cet amour aux images de Celui-là même que j'aime de toute ma vie !

Je proclame que j'ai l'âme en paix car Dieu est fidèle. Il est à moi et je suis à Lui et à Lui seul. Il me rend fidèle par Sa grâce car Il m'a donné la fidélité de Son âme en mon âme !

Au Dieu de mon amour qui se multiplie en moi soient gloire, puissance, honneur et magnificence de ma terre jusqu'au-dessus de mes cieux !

Merci, merci, merci…

Réparation psychologique et physique

Pour une personne qui a subi une agression physique et/ou un abus sexuel

Pour retrouver sa stabilité mentale après un choc psychologique

La guérison est un processus spirituel qui affecte l'âme et le physique et par lequel celui qui est blessé ou brisé, retrouve la bonne santé et un équilibre psycho-mental et physique parfait. Sachez que votre réparation psycho-mental et physique repose entre les mains de Dieu en vous c'est-à-dire dans votre esprit subconscient. Cela voudrait dire que ce qui commande votre réparation psycho-mental et physique part des profondeurs de votre esprit et non pas des médecins ou des médicaments. Ceux-ci ne font qu'accompagner l'action de votre esprit sur votre santé et sur votre réparation. Et quand je parle du pouvoir de votre esprit d'être à même de vous restaurer, je parle véritablement de l'Esprit, de l'Esprit même, de Dieu. Car Il est Celui qui est dans votre esprit et qui lui donne ces capacités de guérison et de réparation et lorsqu'il est dit qu' « *[...] en réalité, dans l'homme, c'est l'esprit [...]*» (Job 32/8), cela voudrait dire que c'est Dieu Lui-même qui est dans la personne de l'Homme et y opère. A ce propos, vous comprenez que c'est votre esprit en vous qui est le lieu d'où part la transformation de votre corps comme il est aussi écrit : « *...qui transformera le corps de notre humiliation, en le rendant semblable au corps de sa gloire, par le pouvoir qu'il a de s'assujettir toutes choses.* » (Philippiens 3/21). En d'autres termes, qu'importe l'état dans lequel est votre corps, votre esprit (Dieu), est à même de le rendre saint, fut-il même dans un état de putréfaction. (Jean 11/38-44). Acceptez donc votre corps, et confier-le à Dieu qui est en vous pour qu'Il le refasse et y efface toutes les séquelles des traumatismes que vous aurez vécus.

Un usage régulier de cette proclamation vous aidera à cicatriser les blessures de votre douleur psycho-physique.

Recueil de Proclamations Prophétiques et d'Adoration(RPPA) vol. II

Pour la réussite de cette proclamation, vous devez vous mettre en phase avec la consigne qui va suivre. Elle est à la deuxième personne parce que je souhaite que vous vous sentiez directement concerné.

<u>Consigne :</u>

- **Assois-toi correctement droit et ferme les yeux. Inspire et expire de l'air longuement et lentement trois fois de suite.** C'est pour ramener tes pensées dispersées à se concentrer sur un seul objectif. **Car une mémoire ou une personne dispersée atteint difficilement ses objectifs.** La dispersion est une dépense d'énergie et la voie sûr de l'échec. (Luc 10 /41-42). Ne fais qu'une chose à la fois, ne poursuit qu'un but à la fois (1 Corinthiens 9/24). C'est le premier secret du succès et de la réussite.
- **Pense à ce que tu as et qui te fait du bien.** C'est une attitude de gratitude qui plaît à Dieu parce que ta reconnaissance le glorifie, et est honorable à son cœur (Psaume 50/23 ; Éphésiens 5/20 ; 1 Thessaloniciens 5/19). **Ta reconnaissance est une clé qui t'ouvre les portes de la grâce prochaine.** C'était le secret des victoires de David. Il était reconnaissant à Dieu pour les succès du passée et c'est pourquoi il en remportait d'autres. (1Samuel 17/33 ; 37 et 50). Ressens la joie et l'amour dans ton cœur et ne te limite pas seulement à un simple exercice mental, car c'est le ressenti qui déclenche le processus du miracle. Ressens la joie ! (1 Thessaloniciens 5/16). C'est le deuxième secret du succès et de la réussite.
- **Commence à bénir Dieu pour son amour pour toi. Remplis-toi des émotions agréables et ressens sa présence en toi et autour de toi** et ouvre progressivement les yeux.
- **Exécute la proclamation avec Foi, Amour et Force (FAF) pendant quinze (15) minutes** en t'appropriant les mots de ladite proclamation comme s'ils étaient de toi. Mais **si tu prends plusieurs proclamations à la fois, accorde dix (10) minutes à chacune d'elles.** Ne va pas vite et ne te précipite pas. Prends ton temps et tu ressentiras la présence de Dieu. Car ces proclamations prophétiques sont des prières. Et **prier c'est faire l'amour avec Dieu.** Or, l'amour est patient et doux. Sois ainsi pendant cet exercice.
- Je te conseille d'**exécuter ces proclamations chaque matin très tôt avant de quitter le lit et chaque soir avant de t'en dormir.** Car ce sont les

moments propices où l'esprit est plus disposé et ouvert. Mais c'est le mouvement de l'Esprit de Dieu qui doit davantage avoir ton intérêt que cet horaire que je te propose en vue de t'orienter.

N.B : *Cette consigne est valable pour toutes les proclamations de ce programme. Il faut nécessairement commencer par elle. Car elle te permet de te mettre en état de réception qui est cette attitude qui vient à toi via le silence et la méditation, parce que, rappelles-toi, Dieu est dans l'espace du silence et c'est à ce seul endroit que tu peux le rencontrer et rentrer en contact avec Lui.*

Toutefois, si tu prends plus d'une proclamation à la fois, la seule fois que tu exécutes la consigne est suffisante pour toute la séance.

Proclamation n°5

Je proclame que je suis enfant de Dieu et Il m'aime !

Je proclame que je suis une façon qu'à l'Esprit de se rendre visible !

J'invoque depuis le Royaume de Dieu en mon cœur l'Esprit qui m'a fait et je L'invite depuis les profondeurs de mon tréfonds pour qu'il procède à la réparation de mon corps qui a été abusé !

Je T'invoque, Toi, Energie Source, Toi qui ne connait ni peine ni souffrance car je veux ressentir comme toi dans mon corps !

Je T'invite à te déployer dans mon corps, Toi, Esprit réparateur !

Guérit les blessures de mon corps affecté de blessures, cicatrise-les et renouvelle ses cellules !

Comme aux jours de Lazare, redonne vie à mon corps affecté par la putréfaction de l'abus que j'ai vécu !

Ressuscite mon corps et sors-le du tombeau de la douleur, de la souffrance et du mal !

Guérit mon âme et parle à mes pensées, à mes sentiments et à mes émotions !

Recueil de Proclamations Prophétiques et d'Adoration (RPPA) vol. II

Renouvelle ma santé psycho-mentale et laisse-moi voir l'intérêt de cette épreuve au-delà de la douleur qui m'affecte !

Je proclame qu'en cette heure même, mes ossements desséchés touchent le prophète de ma vie que Tu es et je revis par Ta grâce !

Des maintenant, je renonce à la haine, à l'amertume et à la rancune car je sais que ce genre de sentiment opère une opposition à l'œuvre de Dieu dans la vie d'une personne, et je sais que toute chose que Dieu autorise est pour Sa gloire et pour le bien de celui qui l'aime !

Ainsi, je proclame que j'ai de bons sentiments car je m'attends à Dieu et je sais qu'Il est a actuellement à l'œuvre !

Dieu me restaure et me rend ma dignité, et je m'en sors grandit car je suis un or que le feu a éprouvé, et Dieu puis dorénavant se voir en moi à nouveau !

Seigneur, j'invoque l'amour de Ton Royaume à inonder mon esprit et mon âme, et que mon corps récolte les fruits de cet amour à travers sa restauration !

Dans mon cœur, je me pleins ainsi de silence et ressens la plénitude de Ta présence en moi car Tu me restaures !

Je proclame que celui qui a abusé de mon corps est pardonné et libre comme moi-même je suis pardonné, libre et restauré !

Je sens l'amour de Dieu en moi qui me rassure que le pardon est plus fort que la haine et la colère !

Je proclame que Dieu renouvelle mon corps et aucun signe de cette agression n'est plus perceptible sur moi. Car Dieu me donne la bonne santé et la joie d'avoir un corps merveilleusement bien portant !

Présentement, Dieu passe dans mon corps et celui-ci ne reste pas indifférent, mais se soumet au plan parfait de Dieu pour ma vie. Et une sensation soudaine de bonheur et de bonne santé m'envahit !

Je proclame que je suis restauré. Mon état psycho-mental est en parfait état. Mes émotions et mes sentiments sont en harmonie avec le Dieu de ma guérison et mon corps s'exclame gloire. Car les choses anciennes sont passées, voici, toutes choses sont devenues nouvelles !

Je proclame que mon corps, mon intellect et ma psychologie sont désormais recouvert de la nuée divine et je ne porte plus en moi les souvenirs de la douleur qui m'est arrivée !

Je suis en paix et mon âme déborde de joie car je sais que Dieu a opéré un miracle sur mon corps et l'a restauré à la gloire de Son nom et pour ma santé parfaite !

Au Dieu qui m'aime et qui réside dans le palais de mon esprit soient toutes les bénédictions de mon cœur débordant de gratitude, de paix et d'amour parfait !

Merci, merci, merci…

Je suis la signature de Dieu

Pour attirer la victoire à vous

Pour incliner les cœurs en votre faveur

Pour attirer la réussite et le succès dans vos entreprises

Premièrement, je voudrais vous dire que dites qui vous êtes et vous le deviendrez comme on ne cesse de voir jusqu'ici. L'autre chose est que les limites que vous avez sont ceux que vous vous imposez. Et la troisième chose est que le diable domine sur vous tant que vous lui laissez œuvrer dans votre vie. Car il vous arrive ce que vous décidez qu'il vous arrive et vous devenez également ce que vous décidez de devenir parce que Dieu a mis devant vous la vie et la mort, la bénédiction et la malédiction et vous a recommandé de choisir la vie, afin que vous viviez. Mais, le choix vous appartient tel qu'on le lit au livre de Deutéronome 30/19 : «*J'en prends aujourd'hui à témoin contre vous le ciel et la terre: j'ai mis devant toi la vie et la mort, la bénédiction et la malédiction. Choisis la vie, afin que tu vives, toi et ta postérité.* » Confesser que vous êtes la signature de Dieu c'est donc choisir la vie et c'est vous mettre sur la voie de votre devenir. Et dire que vous êtes la signature de Dieu voudrait dire que rien ni personne ne vous sera en obstacle car si Dieu est pour vous rien ne saurait être contre vous, ou que toute pensée de s'opposer à vous s'écrasera toujours aux portes du cœur de celui qui vous souhaite du mal. (Romains 8/31).

Aussi, lorsque dans Genèse 1/26, le sixième Elohim avait dit aux six autres Elohim que «*Faisons l'homme à notre image, selon notre ressemblance, et qu'il domine sur les poissons de la mer, sur les oiseaux du ciel, sur le bétail, sur toute la terre, et sur tous les reptiles qui rampent sur la terre* », cela attestait que l'homme était la signature Dieu sur le reste de la création et c'est pourquoi l'homme devait exécuter sur la terre le même mandat que Dieu Lui-même exerçait dans les cieux supérieurs. Sachez cependant que ce mandat reste d'actualité. Son exercice dépend toujours de vous car Dieu a misé sur vous et Il n'a jamais retiré son pari parce que vous êtes ce qu'Il accepte et qu'Il trouve de plus légale et légitime. Vous êtes Son approbation. Exercez votre légitimité sur les circonstances et les événements. Vous êtes la signature de Dieu.

Recueil de Proclamations Prophétiques et d'Adoration(RPPA) vol. II

Cette proclamation vous aidera à changer des non en oui.

Pour la réussite de cette proclamation, vous devez vous mettre en phase avec la consigne qui va suivre. Elle est à la deuxième personne parce que je souhaite que vous vous sentiez directement concerné.

Consigne :

- **Assois-toi correctement droit et ferme les yeux. Inspire et expire de l'air longuement et lentement trois fois de suite.** C'est pour ramener tes pensées dispersées à se concentrer sur un seul objectif. **Car une mémoire ou une personne dispersée atteint difficilement ses objectifs**. La dispersion est une dépense d'énergie et la voie sûr de l'échec. (Luc 10/41-42). Ne fais qu'une chose à la fois, ne poursuit qu'un but à la fois (1 Corinthiens 9/24). C'est le premier secret du succès et de la réussite.
- **Pense à ce que tu as et qui te fait du bien.** C'est une attitude de gratitude qui plaît à Dieu parce que ta reconnaissance le glorifie, et est honorable à son cœur (Psaume 50/23 ; Ephésiens 5/20 ; 1 Thessaloniciens 5/19). **Ta reconnaissance est une clé qui t'ouvre les portes de la grâce prochaine.** C'était le secret des victoires de David. Il était reconnaissant à Dieu pour les succès du passée et c'est pourquoi il en remportait d'autres. (1Samuel 17/33 ; 37 et 50). Ressens la joie et l'amour dans ton cœur et ne te limite pas seulement à un simple exercice mental, car c'est le ressenti qui déclenche le processus du miracle. Ressens la joie ! (1 Thessaloniciens 5/16). C'est le deuxième secret du succès et de la réussite.
- **Commence à bénir Dieu pour son amour pour toi. Remplis-toi des émotions agréables et ressens sa présence en toi et autour de toi** et ouvre progressivement les yeux.
- **Exécute la proclamation avec Foi, Amour et Force (FAF) pendant quinze (15) minutes** en t'appropriant les mots de ladite proclamation comme s'ils étaient de toi. Mais **si tu prends plusieurs proclamations à la fois, accorde dix (10) minutes à chacune d'elles**. Ne va pas vite et ne te précipite pas. Prends ton temps et tu ressentiras la présence de Dieu. Car ces

proclamations prophétiques sont des prières. Et **prier c'est faire l'amour avec Dieu.** Or, l'amour est patient et doux. Sois ainsi pendant cet exercice.
- Je te conseille d'**exécuter ces proclamations chaque matin très tôt avant de quitter le lit et chaque soir avant de t'en dormir.** Car ce sont les moments propices où l'esprit est plus disposé et ouvert. Mais c'est le mouvement de l'Esprit de Dieu qui doit davantage avoir ton intérêt que cet horaire que je te propose en vue de t'orienter.

N.B : *Cette consigne est valable pour toutes les proclamations de ce programme. Il faut nécessairement commencer par elle. Car elle te permet de te mettre en état de réception qui est cette attitude qui vient à toi via le silence et la méditation, parce que, rappelles-toi, Dieu est dans l'espace du silence et c'est à ce seul endroit que tu peux le rencontrer et rentrer en contact avec Lui.*

Toutefois, si tu prends plus d'une proclamation à la fois, la seule fois que tu exécutes la consigne est suffisante pour toute la séance.

Proclamation n°6

Je proclame que je suis la signature de Dieu et je prospère dans toutes mes entreprises !

Je proclame que je suis toujours rendu au bon endroit au bon moment et je ne suis jamais dans la confusion des circonstances quand bien même elle arriverait, Dieu serait en train de m'instruire à travers elle !

Je proclame que je ne suis jamais perdant, je gagne à tous les cous et sous toutes les formes, car j'ai le tampon de Dieu qui me rend légale d'obtenir tout ce que je veux !

Je proclame que je suis né pour vaincre et les forces des ténèbres s'agenouillent dans ma présence car je suis la raison et la décision de leur damnation !

L'armée céleste me précède et me succède et l'enfer sait sa fin quand il me voit arriver car j'ai le mandat divin de rependre le Ciel sur la terre !

Recueil de Proclamations Prophétiques et d'Adoration(RPPA) vol. II

Je suis la sentence de Dieu manifestée dans la chair pour émietter l'enfer et l'effacer de la surface de la terre. C'est pour cette raison que je suis la lumière du monde car la lumière chasse les ténèbre et ne lui laisse aucune place lorsqu'elle est déjà là !

Je proclame que toutes les montagnes sataniques s'effondrent dans ma présence et tous les ravins des ténèbres se comblent à mon arrivée car dans ma présence, les choses s'inversent, changent et quittent la logique pour le miracle !

Les occultes et les sorciers de tous ordres sont influencés à 777 km à la ronde d'où je ne tiens et leurs projets de promouvoir la peur, la famine, l'incrédulité, la guerre échouent lamentablement aux portes de leurs bouches arides !

Je proclame qu'à tout lieu où je me tiens, les projets toujours sombres du diable de Satan meurent depuis la racine de son esprit inique. Car ma présence sanctifie l'atmosphère !

Je suis la hantise des ténèbres. Car je brille trop que ma clarté les dérange !

Je suis le serpent brûlant de l'Eternel pour ma génération et je communique la vie à tous ceux que le serpent du monde a mordus !

Où que je passe, où que j'aille, je suis celui par qui Dieu redonne vie à ceux en qui Satan a semé la mort !

Ma présence est un sujet de joie pour l'humanité, et un sujet d'effroi pour l'enfer. Car je suis déployé par la puissance des sept vents de Dieu et l'enfer ne puit tenir dans cet ouragan apocalyptique !

Je suis déployé pour le Ciel tant dis que Satan est employé pour l'enfer c'est pourquoi je le tétanise et il se perd dans le chao éternel !

Je suis l'avale que Dieu a donné pour sa radiation !

Je suis la signature de Dieu !

Je suis la décision du Ciel qui est de réduire l'antique serpent à l'esclavage, c'est pourquoi lors de ma pensé par les sept Esprit Elohim, Dieu dit « *domine* » !

Je domine sur le diable au nom de Yeshua Ha Mashia qui est incarné en moi !

Recueil de Proclamations Prophétiques et d'Adoration(RPPA) vol. II

Je suis la décision des sept Esprits de Dieu pour repandre Dieu sur la terre et pour attester que Satan, l'imposteur a perdu !

Je suis le procès-verbal manifesté dans la chair et qui confirme sa perte. Je suis la sentence de Dieu sur la personne du diable et je le soumets au Christ qui règne dans le Royaume que je suis !

Ce supplice est un châtiment éternel parce que je suis une signature éternel et je tiens ma nature de l'Esprit source qui n'a point de commencement ni de fin !

C'est pourquoi, où que j'arrive, l'enfer s'évanouit dans l'étant de souffre, les captifs sont libérés, la foi regagne les cœurs et y règne, le Ciel est proclamé et sur tous les visages on y lit : *parcelle privée appartenant à son Excellence Dieu !*

Je suis la signature de Dieu. Je suis Sa décision prise de ramener les brebis à la bergerie !

A l'Esprit Source qui vit et règne dans les profondeurs de mon esprit, Elle qui répare et renouvelle la tapisserie de Sa création, soient gloire, puissance, majesté et honneur aux siècles éternels !

Merci, merci, merci...

Recueil de Proclamations Prophétiques et d'Adoration(RPPA) vol. II

Je réussis dans toutes mes voies !

Pour éliminer la voix du doute en vous et augmenter votre confiance en Dieu et en l'avenir

Pour provoquer des miracles sur le chemin de votre vie

Pour croire en vous, en vos rêves et en leur accomplissement

Vous pouvez réussir sur toutes vos voies et seul dépend de vous, votre réussite ou votre échec. Tout ce que vous obtenez est le résultat d'une loi que vous avez appliquée : soit c'est l'application de la loi de la connaissance et vous réussissez, soit vous usez de la loi de l'ignorance et vous échouez. Ceux qui réussissent sont ceux qui se rendent dans le sein de Dieu comme Dieu Lui-même l'indiqua à Josué : « *Que ce livre de la loi ne s'éloigne point de ta bouche; médite-le jour et nuit, pour agir fidèlement selon tout ce qui y est écrit; car c'est alors que tu auras du succès dans tes entreprises, c'est alors que tu réussiras.* » (Josué 1/8). Le livre de la loi fait référence à la parole de Dieu et à Dieu Lui-même qui est le Père des lois et des principes spirituels qui mènent au succès. Et c'est pourquoi il est aussi écrit : « *Alors tu mettras ton plaisir en l'Eternel, Et je te ferai monter sur les hauteurs du pays, Je te ferai jouir de l'héritage de Jacob, ton père; car la bouche de l'Eternel a parlé.* » (Ésaïe 58/14). La réussite se cherche en Dieu parce que c'est Lui qui a le secret des lois et leur notice d'utilisation. Confiez-vous en Lui et Il les mettra à votre disposition comme dit au Psaume 37/4 : « *Et prends ton plaisir en l'Eternel, et il t'accordera les demandes de ton cœur.* » Vous ne pouvez pas véritablement réussir en dehors de Dieu en ne comptant que sur vos efforts personnel ou sur quelle que pratique humaine que ce soit. En effet, ceux qui l'ont souvent fait ont, quelques fois, certes, engrangés des fortunes, des succès et des réussites parce qu'ils ont eu accès aux lois (d'une manière ou d'une autre), mais malgré cela, ils sont restés frustrés et malheureux dans leur tréfonds. Car ils sentent qu'il leur manque quelque chose d'essentiel, de vital et de primordial que ce qu'ils ont acquis ne saurait satisfaire : la paix intérieure. En effet, avoir beaucoup d'argent ou du succès çà et là tout en étant frustré est une illusion de réussite, parce que la réussite véritable ne laisse point de place à la frustration, mais laisse plutôt entrevoir une satisfaction totale et une plénitude de cœur sans précédent. Car la réussite, la véritable, ne se fait suivre d'aucun chagrin ni d'aucune frustration parce que lorsque Dieu bénit, Il le fait à la perfection dans tous les secteurs de la vie de la personne qu'Il bénit, et c'est pour cette raison qu'il est écrit en Proverbes 10/22 : « *C'est la bénédiction de l'Eternel qui enrichit, Et il ne la fait suivre d'aucun chagrin.* » Dieu est donc tout ce qu'il vous faut pour que vous connaissiez la réussite véritable et la satisfaction dans leur absoluité.

Dans ce cas, c'est une proclamation comme celle-ci qu'il vous faut confesser régulièrement pour la réussite de vos projets.

Pour la réussite de cette proclamation, vous devez vous mettre en phase avec la consigne qui va suivre. Elle est à la deuxième personne parce que je souhaite que vous vous sentiez directement concerné.

Consigne :

- **Assois-toi correctement droit et ferme les yeux. Inspire et expire de l'air longuement et lentement trois fois de suite**. C'est pour ramener tes pensées dispersées à se concentrer sur un seul objectif. **Car une mémoire ou une personne dispersée atteint difficilement ses objectifs**. La dispersion est une dépense d'énergie et la voie sûr de l'échec. (Luc 10 /41-42). Ne fais qu'une chose à la fois, ne poursuit qu'un but à la fois (1 Corinthiens 9/24). C'est le premier secret du succès et de la réussite.
- **Pense à ce que tu as et qui te fait du bien.** C'est une attitude de gratitude qui plaît à Dieu parce que ta reconnaissance le glorifie, et est honorable à son cœur (Psaume 50/23 ; Ephésiens 5/20 ; 1 Thessaloniciens 5/19). **Ta reconnaissance est une clé qui t'ouvre les portes de la grâce prochaine**. C'était le secret des victoires de David. Il était reconnaissant à Dieu pour les succès du passée et c'est pourquoi il en remportait d'autres. (1Samuel 17/33 ; 37 et 50). Ressens la joie et l'amour dans ton cœur et ne te limite pas seulement à un simple exercice mental, car c'est le ressenti qui déclenche le processus du miracle. Ressens la joie ! (1 Thessaloniciens 5/16). C'est le deuxième secret du succès et de la réussite.

Recueil de Proclamations Prophétiques et d'Adoration(RPPA) vol. II

- Commence à bénir Dieu pour son amour pour toi. Remplis-toi des émotions agréables et ressens sa présence en toi et autour de toi et ouvre progressivement les yeux.
- Exécute la proclamation avec Foi, Amour et Force (FAF) pendant quinze (15) minutes en t'appropriant les mots de ladite proclamation comme s'ils étaient de toi. Mais si tu prends plusieurs proclamations à la fois, accorde dix (10) minutes à chacune d'elles. Ne va pas vite et ne te précipite pas. Prends ton temps et tu ressentiras la présence de Dieu. Car ces proclamations prophétiques sont des prières. Et prier c'est faire l'amour avec Dieu. Or, l'amour est patient et doux. Sois ainsi pendant cet exercice.
- Je te conseille d'exécuter ces proclamations chaque matin très tôt avant de quitter le lit et chaque soir avant de t'en dormir. Car ce sont les moments propices où l'esprit est plus disposé et ouvert. Mais c'est le mouvement de l'Esprit de Dieu qui doit davantage avoir ton intérêt que cet horaire que je te propose en vue de t'orienter.

N.B : *Cette consigne est valable pour toutes les proclamations de ce programme. Il faut nécessairement commencer par elle. Car elle te permet de te mettre en état de réception qui est cette attitude qui vient à toi via le silence et la méditation, parce que, rappelles-toi, Dieu est dans l'espace du silence et c'est à ce seul endroit que tu peux le rencontrer et rentrer en contact avec Lui.*

Toutefois, si tu prends plus d'une proclamation à la fois, la seule fois que tu exécutes la consigne est suffisante pour toute la séance.

Proclamation n°7

Je proclame que l'Eternel mon Dieu est puissant, Tout puissant. Il est celui qui règne dans le royaume de ma vie, dans l'univers de mes pensées et de mes prérogatives !

Je proclame que mes pensées ne sont portées que vers l'Eternel qui m'a créé !

Recueil de Proclamations Prophétiques et d'Adoration(RPPA) vol. II

Mon mental et toute ma personne intérieure sont enracinés en Lui !

Je proclame que je suis fait de pure lumière et c'est pourquoi je suis fils de Dieu car Dieu est la Lumière Source !

Je proclame que je suis fils de Dieu et j'obtiens tous ce que je veux !

Les stratégies de mon cœur pour mes projets me viennent de Dieu depuis les profondeurs de mon esprit et j'arrive inéluctablement aux mêmes résultats que Lui !

Je proclame que tous les désirs de mon cœur me sont accordés car j'applique la loi de l'amour en Dieu qui atteste que j'aime Dieu !

Je ne doute pas, car l'amour ne doute point. Je ne pose pas des questions du genre « *est-ce que ça va marcher ? Y arriverai-je ?* » Car l'amour n'est pas craintif et ne soupçonne pas le mal !

Je proclame que le monde est à ma portée et mes objectifs sont des possibilités évidentes, et je les vivrai physiquement comme je les vis dans mon esprit !

Je proclame que Dieu met sur mon chemin des personnes qu'Il a soigneusement préparer pour me conduire à la félicité de mes rêves profonds !

Dès aujourd'hui, je prendrai des risques, non pas parce que je n'ai pas peur d'échouer, mais parce que l'Esprit qui est en moi m'atteste que je réussirai car Il n'échoue jamais. Cette Esprit, c'est la force infinie, c'est l'Esprit Source, c'est l'Esprit même !

Quand bien même je pourrais expérimenter un revers, mais un revers ne me limitera jamais. Au contraire, il pourra m'instruire et je m'en sortirai grandi à travers une nouvelle connaissance acquise !

Je vais arriver au sommet, et mon ascension va étonner toute la terre habitée car je suis assis en Dieu et Il est le trampoline de mon élévation et Sa demeure est dans les lieux élevés au-dessus de mon esprit !

Ainsi, je proclame que je m'assoirai avec Dieu dans les lieux élevés et j'y demeurerai pour toujours et tout le monde saura que la gloire est la fin de celui qui

Recueil de Proclamations Prophétiques et d'Adoration (RPPA) vol. II

se confie en l'Eternel, la Force Infinie dont la quatrième dimension est la résidence !

Je proclame que chaque jour que Dieu fait est un jour de succès pour moi !

Je ne crains ni disette, ni famine, ni aucun autre fléau quel qu'il soit car Celui qui vit en moi est celui qui commande les moments et les circonstances !

J'ai ma part avec les nobles car je suis un roi dont Dieu est le Roi de gloire planant sur lui !

Aucune situation ni aucun homme ne me stopperont. Car je suis à bord du char de Dieu et il écrase tout obstacle et crève l'œil malveillant qui voudrait s'en prendre à ma vie et à ma destinée !

Je proclame que les bonnes conditions se créent pour moi à quel qu'endroit que j'arrive !

Je proclame que je suis un assemblage d'éléments bénis : corps, âme et esprit !

Je suis toujours à la bonne adresse et pendant que plusieurs crient famine, moi je gis dans l'abondance !

Je prospère dans un monde en crise et je ne me soucie pas du lendemain car Dieu y prendra soin !

De la même manière que j'ai réussie hier dans de petites choses, je proclame que je réussirai aussi aujourd'hui dans les grandes choses !

Je suis en sécurité en Dieu qui contrôle ma vie, c'est pourquoi je reste serein car si Dieu est pour moi qui se dresserait contre moi ?

Je suis calme et serein. Car je marche inéluctablement vers ma destinée !

Je ne resterai pas dans une zone de confort et renoncer à mes rêves car personnes n'est à même de les vivre pour moi !

Je sais fermement que ce que mon cœur désire actuellement se manifeste dans ma vie maintenant même !

Recueil de Proclamations Prophétiques et d'Adoration(RPPA) vol. II

Je proclame que j'avancerai jusqu'à destination et je réussirai grâce à Dieu qui a commencé cette belle œuvre en moi et qui l'achèvera !

J'ordonne à tout esprit défaitiste, négativiste et de manque de foi de disparaitre dans ma présence. Car la foi est mon identité en Dieu !

Mon âme, je t'ordonne de ne pas regarder à la réalité, mais à la vérité. Car Dieu est vérité !

Je commande aux limites de mon corps de se terrent et j'ordonne à mon imagination de s'étendre jusqu'à l'infini !

Ce que les gens disent ne m'influence pas. Mon oreille n'est portée que sur l'avis de Dieu qui m'a conduit jusqu'ici et à qui la science de toute chose est soumise !

Je proclame que Dieu est mon allié et avec Lui, j'accomplirai des exploits !

Entre Ses mains je m'oublie car je sais qu'Il est un bon conducteur et Il me fera arriver à bon port par Sa grâce !

Au Dieu de mon succès qui vit et règne dans les Cieux de mon esprit et au-dessus de la triade de mon être reviennent toute la gloire, l'honneur et la grâce !

Merci, merci, merci...

Recueil de Proclamations Prophétiques et d'Adoration(RPPA) vol. II

Lorsque vous devez conclure une affaire

Pour le succès d'une affaire

Pour attirer la bonne fortune et les bons associés

Faire une affaire, c'est la capacité à fructifier un capital (spirituel émotionnel ou physique), qu'on a en réalisant un bénéfice qui est un surplus de la même nature que ce que nous avons investi : « *Le premier vint, et dit: Seigneur, **ta mine** a rapporté **dix mines**...* » (Luc 19/16). Et le mot bénéfice, du latin *beneficium*, veut dire «*bienfait*» c'est-à-dire faveur, avantage, congratulation, bénédiction. Le but d'une affaire est donc d'accroître votre bénédiction (Genèse 13/2 et Genèse 14), et tel est le souhait même de Dieu quand Il dit par la bouche de Jean : « *Bien-aimé, **je souhaite que tu prospères à tous égards** et sois en bonne santé, comme prospère l'état de ton âme.* » (3 Jean 1/2). Cela voudrait dire que si vous êtes un homme ou une femme d'affaires, votre premier associé c'est Dieu car Il est le premier à vouloir vous voir prospérer en tout lieu de votre existence tant spirituel, émotion que physique parce que c'est ce à quoi renvoie l'expression « *à tous égards* ». Et c'est à cause de cette envie de vous voir manifester la bénédiction qu'Il vous donne Lui-même le secret du succès dans Proverbes 21/5 : la diligence ; « *Les projets de l'homme diligent ne mènent qu'à l'abondance...* ». Et c'est pour cette même raison qu'Il donne encore à ceux qui ont, en ne tenant pas compte qu'ils ont déjà : « *Car on donnera à celui qui a; mais à celui qui n'a pas on ôtera même ce qu'il a.* » (Marc 4/25). Dieu veut que vous ayez parce que c'est un Dieu d'abondance qui bénis jusqu'à la millième génération (Exode 24/7), et c'est pour cette simple raison de vous voir prospérer qu'Il vous a manifesté dans la chair. C'est vous dire que la pauvreté n'est pas une vertu, ce sont les choses qu'enseigne la religion qui n'est elle-même, cependant, pas pauvre. A ce titre, vous n'êtes pas pauvre parce que Dieu le veut. Vous le demeurez parce que vous l'avez choisir dans l'ignorance qui est le péché ultime qui soit comme il est écrit : « *Mon peuple est détruit, parce qu'il lui manque la connaissance. Puisque tu as rejeté la connaissance, Je te rejetterai, et tu seras dépouillé de mon sacerdoce; Puisque tu as oublié la loi de ton Dieu, J'oublierai aussi tes enfants.* » (Osée 4/6). Ainsi, suis-je entrain de vouloir vous dire que si vous êtes un homme ou une femme d'affaires, vous êtes dans la volonté de Dieu car vous avez des talents à faire valoir pour vous et pour les autres, vous

Recueil de Proclamations Prophétiques et d'Adoration(RPPA) vol. II

êtes dans la vision de Dieu qui compte voir beaucoup de gens être bénit à travers vous.

A ce propos, cette proclamation faite quotidiennement vous aidera dans vos affaires et vous verrez des déclanchements des choses merveilleuses s'opérer dans votre vie.

Pour la réussite de cette proclamation, vous devez vous mettre en phase avec la consigne qui va suivre. Elle est à la deuxième personne parce que je souhaite que vous vous sentiez directement concerné.

Consigne :

- **Assois-toi correctement droit et ferme les yeux. Inspire et expire de l'air longuement et lentement trois fois de suite.** C'est pour ramener tes pensées dispersées à se concentrer sur un seul objectif. **Car une mémoire ou une personne dispersée atteint difficilement ses objectifs.** La dispersion est une dépense d'énergie et la voie sûr de l'échec. (Luc 10 /41-42). Ne fais qu'une chose à la fois, ne poursuit qu'un but à la fois (1 Corinthiens 9/24). C'est le premier secret du succès et de la réussite.
- **Pense à ce que tu as et qui te fait du bien.** C'est une attitude de gratitude qui plaît à Dieu parce que ta reconnaissance le glorifie, et est honorable à son cœur (Psaume 50/23 ; Ephésiens 5/20 ; 1 Thessaloniciens 5/19). **Ta reconnaissance est une clé qui t'ouvre les portes de la grâce prochaine.** C'était le secret des victoires de David. Il était reconnaissant à Dieu pour les succès du passée et c'est pourquoi il en remportait d'autres. (1Samuel 17/33 ; 37 et 50). Ressens la joie et l'amour dans ton cœur et ne te limite pas seulement à un simple exercice mental, car c'est le ressenti qui déclenche le processus du miracle. Ressens la joie ! (1 Thessaloniciens 5/16). C'est le deuxième secret du succès et de la réussite.
- **Commence à bénir Dieu pour son amour pour toi. Remplis-toi des émotions agréables et ressens sa présence en toi et autour de toi** et ouvre progressivement les yeux.

Recueil de Proclamations Prophétiques et d'Adoration(RPPA) vol. II

- **Exécute la proclamation avec Foi, Amour et Force (FAF) pendant quinze (15) minutes** en t'appropriant les mots de ladite proclamation comme s'ils étaient de toi. Mais **si tu prends plusieurs proclamations à la fois, accorde dix (10) minutes à chacune d'elles.** Ne va pas vite et ne te précipite pas. Prends ton temps et tu ressentiras la présence de Dieu. Car ces proclamations prophétiques sont des prières. Et **prier c'est faire l'amour avec Dieu.** Or, l'amour est patient et doux. Sois ainsi pendant cet exercice.
- Je te conseille d'**exécuter ces proclamations chaque matin très tôt avant de quitter le lit et chaque soir avant de t'en dormir.** Car ce sont les moments propices où l'esprit est plus disposé et ouvert. Mais c'est le mouvement de l'Esprit de Dieu qui doit davantage avoir ton intérêt que cet horaire que je te propose en vue de t'orienter.

N.B : *Cette consigne est valable pour toutes les proclamations de ce programme. Il faut nécessairement commencer par elle. Car elle te permet de te mettre en état de réception qui est cette attitude qui vient à toi via le silence et la méditation, parce que, rappelles-toi, Dieu est dans l'espace du silence et c'est à ce seul endroit que tu peux le rencontrer et rentrer en contact avec Lui.*

Toutefois, si tu prends plus d'une proclamation à la fois, la seule fois que tu exécutes la consigne est suffisante pour toute la séance.

Proclamation n°8

Je proclame que je suis fils de Dieu et tout ce que j'entreprends prospère car Dieu approuve toutes mes voies !

Je confesse que Dieu ouvre mon intelligence et mon subconscient souffle à mon intellect des stratégies efficaces pour mon plein succès dans mes affaires et dans mes entreprises !

Je proclame que toute affaire que j'entreprends me vient de Dieu car mon cœur Lui appartient et tout ce que je pense donc faire me vient de Lui qui est le maître de mon cœur !

Recueil de Proclamations Prophétiques et d'Adoration(RPPA) vol. II

Je proclame que par la grâce de Dieu, je suis une bonne personne et je n'attire que le bien à moi parce que le bien n'attire que le bien tant dis que le mal n'est prompt qu'au mal !

Je suis une atmosphère de gloire et la gloire m'atteint et atteint tout ce que j'entreprends car l'on attire à soi que ce que l'on est déjà en soi !

Je proclame que je suis honnête et c'est pourquoi Dieu met sur ma voix des hommes et des femmes honnêtes avec qui je conclu des affaires fructueuses !

Je déclare que je vais réussir dans cette affaire qui arrive à moi car c'est mon affaire et je ressens dors déjà la bénédiction de Dieu faire un avec moi à travers cette affaire (*Dire cette phrase lentement plusieurs fois*) !

Je proclame que j'ai foi en moi et j'ai foi en Dieu. J'ai foi en mon associer car c'est Dieu qui l'a conduit jusqu'à moi !

Je ne soupçonne pas de mal en mon associer car Dieu incline en ma faveur le cœur de toute personne avec qui je rentre en contact !

Notre première poignée de mains disposera son âme à mon profit et je retournerai pleinement satisfait (*Dire cette phrase lentement plusieurs fois*) !

Je suis un champ de lumière et en ma présence Dieu en moi dépouille l'obscurité et livre en spectacle toute pensée des ténèbres !

Je déclare que mon associer fait l'expérience d'une franchise et d'une ouverture d'esprit dont il n'avait jamais fait montre jusqu'ici !

Il s'ouvre à moi et se soumet pleinement à l'autorité qui est en moi (*Dire cette phrase lentement plusieurs fois*) !

J'ai l'âme tranquille car je sais que je vais réussir dans cette affaire !
Le feu divin m'illumine et à travers cette affaire, je ramasse les bénédictions qui étaient tombées dans les ténèbres!

Il tourne toutes les situations en ma faveur et je m'en sors toujours plus bénit que je ne l'étais avant !

Recueil de Proclamations Prophétiques et d'Adoration(RPPA) vol. II

Je proclame que Dieu est le veilleur qui veille sur mes affaires et Il est mon premier partenaire et c'est Lui qui me conduit auprès des autres partenaires pour enrichir ma vie !

Je proclame que je communique Dieu à mon associer. Et toute son âme est éprise d'un profond désir de me satisfaire car Dieu en moi agit en lui et le soumet à Sa justice pour ma bénédiction (*Dire cette phrase lentement plusieurs fois*) !

Je proclame la vie, la joie et la paix en mon associer et notre affaire connait un heureux aboutissement car Dieu est au contrôle de tout ce qui s'y passe (*Dire cette phrase lentement plusieurs fois*) !

Je proclame que je vis le succès depuis les profondeurs de mon esprit et cela se répercute dans mes affaires !

Toutes mes affaires me réussissent car le cachet de Dieu m'est garanti !

Je déclare que je vais réussir comme hier, dans cette nouvelle affaire que j'ai aujourd'hui !

Tous mes associés se soumettront à mes propositions car ma langue est habiter par le feu divin qui embrasse tous les cœurs lorsque je prends le parole (*Dire cette phrase lentement plusieurs fois*) !

Je déclare que j'ai une langue exercée et mon imagination est déployée !

La prospérité dort à la porte de ma vie et à chaque fois que l'ouvre la porte, elle rentre chez moi car je suis une demeure de prospérité et la corne de l'abondance gis dans ma vie !

Je ressens une harmonie parfaite entre mon associer et moi et cette affaire que nous concluons connait un heureux dénouement car Dieu est notre principal partenaire dans cette affaire bénie !

Je proclame ma pleine bénédiction et mon abondance infinie en Dieu qui me surprend de bénédictions où que j'aille et quoi que je fasse !

Je proclame que je suis toujours bénis à mon arrivée et à mon départ, et quelque soient les évènements, je reste dans le sein de la bénédiction !

Recueil de Proclamations Prophétiques et d'Adoration(RPPA) vol. II

Je proclame que l'abondance coule à flot dans ma vie et envahit mon être tout entier comme les sources d'Eden recouvraient le jardin Edénique !

Je proclame que je vais rencontrer du succès aujourd'hui au-delà même de mes espérances car le Dieu de la surabondance est en œuvre dans ma vie !

Je proclame l'amour, la joie, la paix dans mon cœur et dans ma vie car aujourd'hui est un jour où mes bénéfices vont aller au-delà de mes espérances. Car Dieu va richement me bénir dans cette affaire !

Je rends grâce, gloire, puissance et honneur au Dieu de ma prospérité qui vit et règne en moi et qui m'accorde le succès dans cette affaire !

Merci, merci, merci...

Recueil de Proclamations Prophétiques et d'Adoration (RPPA) vol. II

Je suis plus que vainqueur...

Pour vaincre l'adversité

Pour triompher du mal

Pour soumettre l'enfer lorsqu'il vous agresse

Satan est celui qui règne et domine l'air et la mentalité ambiante du monde tel qu'il est écrit : « *... Satan qui règne en maître sur l'atmosphère spirituelle que nous respirons et **qui influence la mentalité ambiante**...* » (Ephésiens 2/2). Cela voudrait dire que si vous ne laissez pas Dieu colonisez vos pensées ou votre vie, Satan le fera tant que vous serez ici, c'est pourquoi Paul parlait du *renouvellement de l'intelligence* (Romains 12/2). Autrement dit, si vous ne confessez pas de votre bouche ce que vous voulez, ce que le monde veut s'imposera à vous : « *Fais-moi souvenir, plaidons ensemble; raconte toi-même, afin que tu sois justifié.*»(Esaïe 43/26). Sachez ainsi que votre vie n'est pas un long fleuve tranquille car le diable est animé d'une ardente soif de vous enrôler dans ses effectifs. Mais la bonne nouvelle est que votre libérer et votre emprisonnement dépendent absolument de vous. Levez-vous donc, confessez régulièrement de votre bouche ce que vous voulez et vainquez le diable parce que c'est que vous libérer de votre propre bouche qui vivifie ou qui anéanti les choses. Il est écrit : «*Et **ils l'ont vaincu à cause** du sang de l'Agneau, et à cause **de la parole de leur témoignage**, et ils n'ont point aimé leurs vies, [mais les ont exposées] à la mort.* » (Apocalypse 12/11). Votre victoire est dans ce que vous confessez. Résistez au diable, demeurez ferme et gardez la foi. Car votre proclamation de foi émiettera votre ennemi parce que Dieu vous a donné la victoire par le Christ (1Corinthiens 15/57). Cette proclamation vous aidera en cas d'attaque sataniques, sorcelleries, mauvais rêves et toute formes d'oppressions mystico-spirituelles.

Pour la réussite de cette proclamation, vous devez vous mettre en phase avec la consigne qui va suivre. Elle est à la deuxième personne parce que je souhaite que vous vous sentiez directement concerné.

Recueil de Proclamations Prophétiques et d'Adoration (RPPA) vol. II

Consigne :

- **Assois-toi correctement droit et ferme les yeux. Inspire et expire de l'air longuement et lentement trois fois de suite.** C'est pour ramener tes pensées dispersées à se concentrer sur un seul objectif. **Car une mémoire ou une personne dispersée atteint difficilement ses objectifs.** La dispersion est une dépense d'énergie et la voie sûr de l'échec. (Luc 10/41-42). Ne fais qu'une chose à la fois, ne poursuit qu'un but à la fois (1 Corinthiens 9/24). C'est le premier secret du succès et de la réussite.

- **Pense à ce que tu as et qui te fait du bien.** C'est une attitude de gratitude qui plaît à Dieu parce que ta reconnaissance le glorifie, et est honorable à son cœur (Psaume 50/23 ; Ephésiens 5/20 ; 1 Thessaloniciens 5/19). **Ta reconnaissance est une clé qui t'ouvre les portes de la grâce prochaine.** C'était le secret des victoires de David. Il était reconnaissant à Dieu pour les succès du passée et c'est pourquoi il en remportait d'autres. (1Samuel 17/33 ; 37 et 50). Ressens la joie et l'amour dans ton cœur et ne te limite pas seulement à un simple exercice mental, car c'est le ressenti qui déclenche le processus du miracle. Ressens la joie ! (1 Thessaloniciens 5/16). C'est le deuxième secret du succès et de la réussite.

- **Commence à bénir Dieu pour son amour pour toi. Remplis-toi des émotions agréables et ressens sa présence en toi et autour de toi** et ouvre progressivement les yeux.

- **Exécute la proclamation avec Foi, Amour et Force (FAF) pendant quinze (15) minutes** en t'appropriant les mots de ladite proclamation comme s'ils étaient de toi. Mais **si tu prends plusieurs proclamations à la fois, accorde dix (10) minutes à chacune d'elles.** Ne va pas vite et ne te précipite pas. Prends ton temps et tu ressentiras la présence de Dieu. Car ces proclamations prophétiques sont des prières. Et **prier c'est faire l'amour avec Dieu.** Or, l'amour est patient et doux. Sois ainsi pendant cet exercice.

- Je te conseille d'**exécuter ces proclamations chaque matin très tôt avant de quitter le lit et chaque soir avant de t'en dormir.** Car ce sont les moments propices où l'esprit est plus disposé et ouvert. Mais c'est le mouvement de l'Esprit de Dieu qui doit davantage avoir ton intérêt que cet horaire que je te propose en vue de t'orienter.

Recueil de Proclamations Prophétiques et d'Adoration(RPPA) vol. II

N.B : *Cette consigne est valable pour toutes les proclamations de ce programme. Il faut nécessairement commencer par elle. Car elle te permet de te mettre en état de réception qui est cette attitude qui vient à toi via le silence et la méditation, parce que, rappelles-toi, Dieu est dans l'espace du silence et c'est à ce seul endroit que tu peux le rencontrer et rentrer en contact avec Lui.*

Toutefois, si tu prends plus d'une proclamation à la fois, la seule fois que tu exécutes la consigne est suffisante pour toute la séance.

Cette proclamation est exceptionnellement recommandée à être faite entre 23heures et 4heures car c'est la période pendant laquelle les forces des ténèbres sillonnent l'atmosphère pour y semer le mal : « *J'étais tous les jours avec vous dans le temple, et vous n'avez pas mis la main sur moi. Mais c'est ici votre heure, et la puissance des ténèbres.* » ***(Luc 22/53).***

Proclamation n°9

Je déclare que je suis fils/fille de la pure lumière et aucune ténèbre ne peut prévaloir sur moi !

Je proclame que c'est Dieu qui règne sur ma vie et dans les régions de tout mon être !

Je proclame que mon être tout entier est entre les mains de l'Energie Source qui l'avait créé. J'y suis en sécurité et je me ressource en Elle !

Je declare que je suis né pour exprimer le caractère de la Divinité dans la chair. Je suis donc investi d'une autorité de domination et d'infinie puissance car c'est ce que la Divinité est en Elle-même et c'est ce qu'Elle exprime en moi !

C'est pourquoi je déclare que je me lève en Dieu et j'écrase en cette heure tout esprit malveillant qui se dresse contre ma vie au nom de Yeshua Ha Mashia !

Recueil de Proclamations Prophétiques et d'Adoration(RPPA) vol. II

L'Armageddon de Dieu se lève et se déploie pour moi. L'Archange Michel et ses anges anéantissent toutes les forces obscures menaçant ma vie !

Vous ! Armées de Satan et Satan, je vous soumets à l'autorité du Dieu de l'univers qui vit en moi et je ramène vos têtes rebelles que j'écrase sous mon talon au nom de Yeshua Ha Mashia qui vous a vaincu sur le bois !

Je proclame que la milice Céleste investit ma vie et précipite dans les ténèbres de l'enfer tout esprit démoniaque ou qu'elle se trouva en moi ou autour de moi !

Je proclame que je suis libre et rien ni aucune force occulte ou satanique ne peut me retenir en captivité !

Car celui qui est en moi est plus fort que celui qui est dans le monde !

Je me revêts de l'armure céleste et j'aplatis toutes forces sataniques qui se dressent contre moi maintenant même !

Je capture dans les filets du Saint Esprit tout spectre volant dans la nuit et venant hanter mes rêves et je le précipite dans l'étant de souffre !

Désormais ce n'est plus moi qui fais attention aux endroits où je mets mes pieds, mais c'est plutôt l'enfer qui se méfie de ses fréquentations au risque que croiser mon chemin. Car je suis un vrai objet de menace pour sa perdition !

J'ordonne a tout esprit incube et succube, à tout spectre de la nuit, aux démons de la luxure de descendre tous ensemble dans la géhenne car là est leur vrai place !

Je brise, je cisaille, je déracine et je mets le feu sur tout campement satanique dans ma vie !

Je proclame que mon corps est la demeure du Saint Esprit et aucun autre esprit ne peut avoir accès à moi !

Je commande alors à tout esprit impur de sortir de mon corps où qu'il se cacherait et de descendre dans le chaos éternel !

Je commande à toute partie morte de mon corps de reprendre vie immédiatement, au nom de Yeshua Ha Mashia !

Recueil de Proclamations Prophétiques et d'Adoration(RPPA) vol. II

J'annule tout décret satanique conte ma vie et je rends nul et non avenu tout complot en projet contre ma vie !

Je te chasse, toi, royaume de Satan, ou que tu te trouves dans mon corps, dans mon âme ou dans mon esprit, je t'ordonne d'y sortir maintenant même au nom de Yeshua Ha Mashia qui vous a livré en spectacle au bois !

J'ordonne à toute pratique ignorante qui donnait un accès à Satan dans ma vie de recevoir la lumière de Dieu immédiatement !

Je proclame que mon corps, mon âme et mon esprit sont des propriétés de Dieu et rien ni personne ne prévaudra contre ces biens de Dieu que je suis !

L'Esprit de vie prend possession de moi et la lumière éblouissante de la gloire de Dieu remplit tout mon être d'une gloire infinie !

Je renonce à la sorcellerie. Je renonce au sort. Je renonce à la divination et aux pratiques enchanteresses !

Toute pratique occulte pratiquer contre ma personne retourne à son investigateur et l'atteint dans à cet instant même, au nom de Yeshua Ha Mashia !

Tout projet de m'éliminer se retourne contre celui qui veut ma perte et tombe sous sa propre épée !

J'invoque l'armée de Dieu en cette heure et elle se manifeste dans cette immédiateté !

Oui, je t'invoque, Sainte Armée de Dieu. Investis ces lieux, que les montagnes s'ébranlent, que la terre tremble, que les cieux se déploient et que l'enfer soit dans l'épouvante car Tu me secours par Ta mains toute puissante !

Manifeste toi ici et maintenant et réduit l'enfer au silence dans ma présence et dans ma vie et que tout en moi s'exclame gloire et victoire en Yahvé Nissi, le Dieu de ma victoire !

Vous, esprits de la nuit envoyés pour venir m'espionner et me nuire, je vous taille en pièce et les restes de vos corps sont donnés à manger aux corbeaux et au chiens du dehors au nom de Yeshua Ha Mashia !

Recueil de Proclamations Prophétiques et d'Adoration(RPPA) vol. II

Je proclame que je suis libre en tout point de ma vie parce que c'est ma véritable nature, et rien ni personne ne peut m'atteindre car je suis dans le sein de Dieu !

Parce que je repose en Dieu en moi, je proclame que je marche en vainqueur sur les ruines de la civilisation infernale. Je regarde autour de moi et je ne vois aucun membre de cette génération car c'est l'âge du nouveau Ciel et de la nouvelle terre pour une nouvelle forme d'être !

L'enfer est allé se réfugier en enfer car aucune force absente de Dieu tout puissant en elle ne peut tenir face à moi parce que Yahvé Nissi, le Dieu de la guerre et de la victoire, est pour moi !

Je proclame ma paix et je déclare que je suis en paix, et je ne crains aucune frayeur car elle ne viendra pas à moi !

Je dors au sein du feu de Dieu où aucune main de l'ennemi ne peut s'aventurer de venir m'y chercher !

Je révoque tout mauvais rêve et je décrète la mort des sorciers qui voudraient passer me chercher en vampire !

A cet endroit où je me tien et où je dors, j'invoque le Saint Esprit à y souffler comme un ouragan et que par Sa puissance, Il emporte au séjour des morts tout visiteur mystique quel qu'il soit !

Je proclame que je suis en sureté car Dieu est ma bannière. Il est mon étendard et en Lui j'ai la victoire !

Je proclame que ma vie est en sécurité, et je marche comme un enfant sevré et mis à part car les anges aux six ailes de Dieu me couvre sous eux !

Je proclame gloire, force, puissance, victoire et honneur au Dieu de ma délivrance qui m'exauce et par qui je suis un veillant guerrier en Yeshua Ha Mashia !

Merci, merci, merci…

Recueil de Proclamations Prophétiques et d'Adoration(RPPA) vol. II

Je suis une œuvre d'art

Pour accepter qui vous êtes

Pour se défaire du complexe d'infériorité à cause de votre couleur de peau

J'ai très souvent entendu des Noirs qui ont un langage dégradant vis-à-vis d'eux-mêmes à cause de leur couleur de peau. En Afrique, il n'est pas, à ce sujet, rare d'entendre des expressions comme : « *l'homme Noir est méchant.* » Et, il y en a même qui en ont fait des titres de disc tout entier pour dire combien de fois le Noir est répugnant. Mais de l'autre côté, ils distinguent le bien par la couleur blanche qui leur rappelle inéluctablement le Blanc, le caucasien. En effet, pendant que le Blanc représente tout ce qu'il y a de mieux, le Noir reste à leurs propres yeux un symbole de mal et de médiocrité. A ce sujet, une frange importante pense même que Dieu serait un Blanc et que l'homme Noir serait une malédiction personnifiée. Quelle tragédie ! Les images du Jésus Blanc de la religion et de son Satan Noir ont participées de beaucoup à renforcer ces conceptions erronées. Car il y a une puissance dans l'image, [nous y reviendrons dans un prochain volume de ce programme].

Mais, je voudrais tout simplement vous dire que cette image négative de la plupart des Africains sur eux-mêmes provient de leur mentalité lourdement endommagée par des siècles d'agressions qu'ils ont subies, et ils ont fini par intégrer ce négatif en eux et vivre avec pour ne finalement expérimenter que la disette et la ruine puisque que tout homme est le reflet de ses pensées dominants. La plus part des africains donc, sur cette question, pensent qu'ils sont là où ils sont aujourd'hui à cause de leur couleur de peau, mais oublient que les ballons ne montent pas par rapport à leur couleur, mais par rapport à leur contenu. Tout ceci parce qu'on leur avait fait croire que la couleur déterminait la destinée, alors que la dite destinée est dans le caractère qui nait lui-même des habitudes, qui, à leur tours, proviennent des actes posées au quotidien, et non de la couleur de la peau. Changez alors votre direction mentale actuelle. Changez ces croyances nuisibles qui vous font du mal !

Ainsi, voudrais- je que vous sachiez, au sujet de votre couleur de peau, que la gloire de Dieu n'est pas dans les généralités, mais dans les particularités. En effet,

Recueil de Proclamations Prophétiques et d'Adoration(RPPA) vol. II

votre noirceur n'est pas un accident ni un signe d'infériorité, mais de variété et d'innovation de Dieu dans Sa création comme le révèle Dieu Lui-même en Jérémie 13/23 : « *L'Ethiopien peut-il changer sa peau, et le léopard ses taches? Alors aussi vous pourrez faire le bien, vous qui êtes instruits à faire le mal.* » Dieu vous a expressément fait comme vous êtes, ce n'est pas un accident. Et pour cette raison, Il est avec vous. Il s'attend à vous. Il s'attend à ce que vous veniez à Lui car Il vous connaît. Vous êtes dans Son plan, et c'est pourquoi Il vous appelle par votre nom Ethiopie qui veut dire visage brûlée c'est-à-dire Noir (Psaume 68/31 ; Sophonie 3/10). Reconsidérez-vous alors et changez l'image que vous avez de vous. Car ce n'est pas l'actuelle image que vous avez de vous que Dieu a de vous.

Cette proclamation faite quotidiennement va vous y aider.

Pour la réussite de cette proclamation, vous devez vous mettre en phase avec la consigne qui va suivre. Elle est à la deuxième personne parce que je souhaite que vous vous sentiez directement concerné.

Consigne :

- **Assois-toi correctement droit et ferme les yeux. Inspire et expire de l'air longuement et lentement trois fois de suite.** C'est pour ramener tes pensées dispersées à se concentrer sur un seul objectif. **Car une mémoire ou une personne dispersée atteint difficilement ses objectifs.** La dispersion est une dépense d'énergie et la voie sûr de l'échec. (Luc 10 /41-42). Ne fais qu'une chose à la fois, ne poursuit qu'un but à la fois (1 Corinthiens 9/24). C'est le premier secret du succès et de la réussite.
- **Pense à ce que tu as et qui te fait du bien.** C'est une attitude de gratitude qui plaît à Dieu parce que ta reconnaissance le glorifie, et est honorable à son cœur (Psaume 50/23 ; Ephésiens 5/20 ; 1 Thessaloniciens 5/19). **Ta reconnaissance est une clé qui t'ouvre les portes de la grâce prochaine**. C'était le secret des victoires de David. Il était reconnaissant à Dieu pour les succès du passée et c'est pourquoi il en remportait d'autres. (1Samuel 17/33 ; 37 et 50). Ressens la joie et l'amour dans ton cœur et ne te limite pas seulement à un simple exercice mental, car c'est le ressenti qui déclenche le

processus du miracle. Ressens la joie ! (1 Thessaloniciens 5/16). C'est le deuxième secret du succès et de la réussite.
- **Commence à bénir Dieu pour son amour pour toi. Remplis-toi des émotions agréables et ressens sa présence en toi et autour de toi** et ouvre progressivement les yeux.
- **Exécute la proclamation avec Foi, Amour et Force (FAF) pendant quinze (15) minutes** en t'appropriant les mots de ladite proclamation comme s'ils étaient de toi. Mais **si tu prends plusieurs proclamations à la fois, accorde dix (10) minutes à chacune d'elles.** Ne va pas vite et ne te précipite pas. Prends ton temps et tu ressentiras la présence de Dieu. Car ces proclamations prophétiques sont des prières. Et **prier c'est faire l'amour avec Dieu.** Or, l'amour est patient et doux. Sois ainsi pendant cet exercice.
- Je te conseille d'**exécuter ces proclamations chaque matin très tôt avant de quitter le lit et chaque soir avant de t'en dormir.** Car ce sont les moments propices où l'esprit est plus disposé et ouvert. Mais c'est le mouvement de l'Esprit de Dieu qui doit davantage avoir ton intérêt que cet horaire que je te propose en vue de t'orienter.

N.B : *Cette consigne est valable pour toutes les proclamations de ce programme. Il faut nécessairement commencer par elle. Car elle te permet de te mettre en état de réception qui est cette attitude qui vient à toi via le silence et la méditation, parce que, rappelles-toi, Dieu est dans l'espace du silence et c'est à ce seul endroit que tu peux le rencontrer et rentrer en contact avec Lui.*

Toutefois, si tu prends plus d'une proclamation à la fois, la seule fois que tu exécutes la consigne est suffisante pour toute la séance.

Proclamation n°10

Je proclame que tous ce que Dieu fait est bon et tout ce qu'Il crée est beau !

Rien de ce qu'Il crée n'est emprunte de laideur car Dieu n'est pas laideur mais beauté parfaite !

Recueil de Proclamations Prophétiques et d'Adoration(RPPA) vol. II

Je proclame donc que je suis une beauté parfaite exprimant la beauté parfaite du Dieu parfait et je suis une variété parfaite de Ses innovations créatives !

Je proclame que je suis une espèce rare et ma différance avec le reste de la création atteste que Dieu n'a pas pensée capitalisme lorsqu'il m'a créé. Il a pensée miracle et mon unicité atteste que je suis un miracle !

Je proclame que je suis fier de qui je suis et j'accepte qui je suis car Dieu a dû avoir recours à Lui-même pour me créer comme je suis !

Je proclame que je suis une merveilleuse créature de la terre de Libye, je suis une œuvre d'art !

Ma couleur de peau est une bénédiction pour moi et je me réjouis en Dieu mon créateur de ce que je suis KaMit !

Je renonce aux fosses croyances de ceux qui sont différents de moi et qui veulent me faire croire que je vaux moins qu'eux pour mieux me dominer et continuer à me manipuler !

Je refuse de continuer à croire que l'esclavagisme, la colonisation, les manipulations psycho-mental et spirituelles des autres dont a été et est victime mon peuple fait de lui un peuple inferieur !

Je refuse ces croyances car elles sont toutes fausses, et c'est pourquoi je ne laisserai plus personne le luxe de me sous évaluer ni de dégrader mon estime personnel. Car je prends conscience que je suis un chef d'œuvre de Dieu !

Je proclame que ma couleur de peau est un miracle et je bénis Dieu qui a pensé que je serai davantage éblouissant dans la noirceur !

C'est pourquoi je confesse que je suis Soudan, Noir et Ethiopiens comme la Sulamith au visage brûlé. Je suis AlKabulan car Dieu a mis en moi l'esprit de l'hospitalité !

Je suis Koushim de la terre de Koush. Car Dieu m'a préféré Noir qu'autre chose !

Je suis de Kama et je suis un KaMit à la gloire de Dieu car Il trouve Son honneur dans ce que je suis et moi je me sens unique dans ce qu'Il m'a fait être !

Recueil de Proclamations Prophétiques et d'Adoration(RPPA) vol. II

Je trouve ma joie dans l'homme charbon que je suis et personne ne peut devenir qui je suis exactement !

Je suis fier de Dieu et Dieu est fier de moi !

Je déploie mon intellect et je décide de relever la tête et de sortir mon esprit de l'état victimaire car je suis un miracle tout entier et rien ne manque en moi. Je suis complet !

J'accepte ma condition de Noir car il est écrit : Dieu vit dans l'obscurité inaccessible. Dieu vit en moi !

Je suis l'objet de Son mystère parce que la Lumière inaccessible qu'Il est vit dans les profondeurs de ma noirceur !

Je proclame la bénédiction de Dieu sur ma terre et je déclare que Kama est béni !

Je proclame la bénédiction de Dieu sur mon peuple et je déclare que tous les KaMit sont bénis. Je prophétise un renouvellement total de tout leur système de pensées !

Je proclame que Kama est la mamelle des nations de la terre et Dieu lui fera encore voir Sa gloire aujourd'hui !

Je prophétise une extension divine pour mon peuple et j'ordonne à sa mentalité de changer et de rentrer dans le plan parfait de Dieu pour sa vie !

Je déclare que les 700 ans d'agression physique, psycho-mentale, émotionnelle et spirituelle se changent en atout et conduisent mon peuple à gloire !

Car comme tout peuple, nous sommes un peuple à part entière et la dignité est notre héritage !

Je proclame ma fierté d'être qui je suis et je me réjouis en Dieu pour ma couleur de peau qui fait de moi, non pas un être inférieur, mais un miracle sorti des profondeurs de l'imagination de Dieu !

Je suis un kaMit, je suis une innovation, je suis esprit, je suis l'Esprit même. Celui de Dieu !

Etre ce que je suis est sans pareil, il n'y a rien de tel que d'être marié au soleil qui est héritier de l'éclat de Dieu Lui-même !

Recueil de Proclamations Prophétiques et d'Adoration(RPPA) vol. II

Je confesse que je suis profondément ému de la pensée parfaite de Dieu pour ma vie, celle de mon peuple et pour notre couleur de peau !

Désormais, je laisserai Dieu être vu à travers ma couleur de peau afin qu'Il y tire la gloire car tout ce qu'Il fait est pour Sa gloire !

Je proclame que je suis venu ici pour accomplir de grandes choses et il n'est pas étonnant que je rencontre de grands défis. Ainsi, je reconnaitrai dorénavant que je suis un être bien plus formidable que je l'avais imaginé moi-même. Car je suis à la stature de l'Esprit même !

Je manifesterai toujours le contentement dès ce jour béni quand je me regarderai dans une glace car je suis réellement béni !

Je suis une intuition de Dieu venue des profondeurs de Son Esprit toujours innovant !

Mon virage est en direction de l'Esprit et je me sens exclamativement bien dans ma chair, et je suis plein de béatitudes. Je me sens bercé dans les bras d'un Dieu aimant et bienveillant dans ce que je suis !

Je proclame que je suis une partie inséparable de Dieu car je suis un avec ma Source, je suis en harmonie avec Elle et j'ai pleine foi en cette Sagesse qui m'a créé tel que je suis !

Je bénis et rend grâce à la source de mon être qui a fait de moi qui je suis. Je bénis le concepteur de ma peau et le plus grand talentueux de tous les Ages qui m'a fait la grâce d'être Noir de peau tout en étant un être de pure lumière à la source de mon être !

Merci, merci, merci...

Tous ce que je touche porte du moi

Pour influencer positivement votre environnement (foyer, famille, travail, amis...)

Pour les leaders, les chefs d'entreprises et toute personne en position d'autorité.

Sachez que vous êtes là pour influencer positivement votre génération et que vous ne devez pas vivre pour vivre, mais vous devez être ici pour illuminer les gens qui sont dans votre entourage, c'est pour cette raison qu'il est écrit : «*Personne, après avoir allumé une lampe, ne la couvre d'un vase, ou ne la met sous un lit; mais il la met sur un chandelier, afin que **ceux qui entrent voient la lumière**.* » (Luc 8/16). En d'autres termes, tous ceux qui rentre en contact avec vous c'est-à-dire des gens qui rentre dans votre vie, sont appelé à être influencés positivement par vous. Car la lumière, c'est le positif, c'est Dieu. Vous êtes un être de pure lumière et les sept lumières de Dieu sont en vous car elles sont là pour que vous impactiez les gens comme il est écrit : « *Tu feras ses sept lampes, qui seront placées dessus, **de manière à éclairer en face**.* »(Exode 25/37). En claire, vous avez pour mission d'éclairer les gens en face, vous êtes né pour influencé positivement votre génération, c'est pourquoi vous êtes la lumière du monde c'est-à-dire la réponse et la solution des gens (Matthieu 5/14-16). Le Christ avait été cette lumière et avait impacté les gens de son temps comme il est écrit : « *Le Seigneur ... baptisait **plus de disciples que Jean**.* » (Jean 4/1). Ainsi, vivre caché, bouche cousue et yeux fermés sont des principes qui font parties des projets de Satan qui souhaite vous détourner de ce qui justifie votre présence à l'extérieur de Dieu. Car c'est de Lui que vous sortez et Il vous y a sorti pour éclairer le monde parce que vous êtes une lampe de Dieu comme il est écrit : « *L'esprit de l'homme est une lampe de l'Eternel; il sonde toutes les profondeurs du cœur.* »(Proverbes 20/27).

Recueil de Proclamations Prophétiques et d'Adoration(RPPA) vol. II

Vous ne pouvez pas, pour ainsi dire, ne pas manifester ce que vous êtes. Car votre épanouissement en dépend.

Cette proclamation vous aidera donc à repandre votre senteur dans la vie des gens autour de vous et partout où vous irez, et elle vous aidera aussi à ressentir ce sentiment de bien-être profond qu'on ressent lorsqu'on est véritablement dans son couloir en Dieu.

Pour la réussite de cette proclamation, vous devez vous mettre en phase avec la consigne qui va suivre. Elle est à la deuxième personne parce que je souhaite que vous vous sentiez directement concerné.

Consigne :

- **Assois-toi correctement droit et ferme les yeux. Inspire et expire de l'air longuement et lentement trois fois de suite.** C'est pour ramener tes pensées dispersées à se concentrer sur un seul objectif. **Car une mémoire ou une personne dispersée atteint difficilement ses objectifs.** La dispersion est une dépense d'énergie et la voie sûr de l'échec. (Luc 10/41-42). Ne fais qu'une chose à la fois, ne poursuit qu'un but à la fois (1 Corinthiens 9/24). C'est le premier secret du succès et de la réussite.
- **Pense à ce que tu as et qui te fait du bien.** C'est une attitude de gratitude qui plaît à Dieu parce que ta reconnaissance le glorifie, et est honorable à son cœur (Psaume 50/23 ; Ephésiens 5/20 ; 1 Thessaloniciens 5/19). **Ta reconnaissance est une clé qui t'ouvre les portes de la grâce prochaine.** C'était le secret des victoires de David. Il était reconnaissant à Dieu pour les succès du passée et c'est pourquoi il en remportait d'autres. (1Samuel 17/33 ; 37 et 50). Ressens la joie et l'amour dans ton cœur et ne te limite pas seulement à un simple exercice mental, car c'est le ressenti qui déclenche le processus du miracle. Ressens la joie ! (1 Thessaloniciens 5/16). C'est le deuxième secret du succès et de la réussite.

Recueil de Proclamations Prophétiques et d'Adoration(RPPA) vol. II

- Commence à bénir Dieu pour son amour pour toi. **Remplis-toi des émotions agréables et ressens sa présence en toi et autour de toi** et ouvre progressivement les yeux.
- **Exécute la proclamation avec Foi, Amour et Force (FAF) pendant quinze (15) minutes** en t'appropriant les mots de ladite proclamation comme s'ils étaient de toi. Mais **si tu prends plusieurs proclamations à la fois, accorde dix (10) minutes à chacune d'elles.** Ne va pas vite et ne te précipite pas. Prends ton temps et tu ressentiras la présence de Dieu. Car ces proclamations prophétiques sont des prières. Et **prier c'est faire l'amour avec Dieu.** Or, l'amour est patient et doux. Sois ainsi pendant cet exercice.
- Je te conseille d'**exécuter ces proclamations chaque matin très tôt avant de quitter le lit et chaque soir avant de t'en dormir.** Car ce sont les moments propices où l'esprit est plus disposé et ouvert. Mais c'est le mouvement de l'Esprit de Dieu qui doit davantage avoir ton intérêt que cet horaire que je te propose en vue de t'orienter.

N.B : *Cette consigne est valable pour toutes les proclamations de ce programme. Il faut nécessairement commencer par elle. Car elle te permet de te mettre en état de réception qui est cette attitude qui vient à toi via le silence et la méditation, parce que, rappelles-toi, Dieu est dans l'espace du silence et c'est à ce seul endroit que tu peux le rencontrer et rentrer en contact avec Lui.*

Toutefois, si tu prends plus d'une proclamation à la fois, la seule fois que tu exécutes la consigne est suffisante pour toute la séance.

Proclamation n°11

Je proclame que Dieu règne dans ma vie et moi je règne en Lui et je règne en les gens car Il est en eux !

Je proclame que je rayonne sur tous les visages et ma marque est dans tous les cœurs que je rencontre. Car toute personne que je touche garde un signe de moi !

Recueil de Proclamations Prophétiques et d'Adoration(RPPA) vol. II

Je vois du moi se promener en chaque personne que je touche car je suis contagieux !

Nul n'entre en contact avec moi et rester le même car je suis caractériellement comme Dieu avec qui rien ne reste plus pareil lorsqu'Il passe dans la vie d'une personne !

Mon passage dans la vie des gens annonce la fin d'une saison et le début d'un renouveau Diétal !

Je suis un signe de Dieu pour ma génération !

Je suis la main avec laquelle Dieu touche et transforme !

Je suis en harmonie avec tout et avec tous. Le Soi authentique en moi se répercute chez les autres, car je leur donne ce que j'ai de mieux à proposer ; ma vie et mon identité divine !

Je suis un sanctuaire, un lieu de pèlerinage. Je suis un lieu de divin recueillement !

Je suis humblement au service de tous. Car l'humilité donne du sens à ma vie que je retrouve en esprit, en parole et en action chez les autres !

Au fond de mon esprit, je sais que c'est Dieu qui est au contrôle et qui s'identifie en moi et fait ressortir mon image en les autres. Car c'est Lui qui est qui je suis véritablement !

La confiance de l'intelligence divine en moi rend les autres plein de confiance et tous lâchent prise et se remettent à Dieu pour qu'Il s'occuper d'eux. Car ma présence communique la foi qui brise l'ambition pour faire place à la permission qui est le boulevard qui actualise Dieu dans toute vie !

Dans ma présence, des vies insensées trouvent du sens et le bonheur répond présent car le sens transfigure tout !

Je proclame que je suis celui à qui les affligés pensent et celui vers qui veulent aller tous ceux dont l'huile qui alimente la mèche de la lampe intérieur est entrain de tarir. Car je suis une station de renouvellement spirituel !

Je proclame que je suis une demeure de paix surabondante et Dieu carbure les réservoirs de l'humanité asséchée dans ma présence !

Recueil de Proclamations Prophétiques et d'Adoration(RPPA) vol. II

Je suis la main avec laquelle Dieu touche l'indigent pour l'amener à la table des rois !

Je suis celui en qui Dieu a déposé toutes les bénédictions de ma génération et tous ceux que je touche reçoivent cette bénédiction !

Je communique la richesse et l'abondance car c'est ma nature et rien en moi n'est ni manque ni disette parce que Dieu, dans Sa nature, ne connait pas ce que veut dire le manque !

Je proclame que je suis l'objet de la jubilation de Dieu et tous ceux que je touche deviennent des jubilés de Dieu !

Je confesse que je transporte une sainte contagion et même les cœurs de pierre se changent en cœurs de chair, des corbeaux deviennent des colombes, et des bêtes féroces deviennent des agneaux dans ma présence !

Le Ciel se trouve partout présent où je me tiens car je le transporte avec moi parce que je suis le ciel de Dieu expérimantant l'humanité !

Je contamine le Ciel aux terrestres et les terrestres s'en trouvent divisés et recouvrent leur vraie nature d'esprits de pure lumière divine !

Je suis un être spirituel qui fait l'expérience d'une vie humaine, c'est pourquoi tout ce que je touche prend la nature de ce que je suis et ce qui ne valait rien se trouve soudainement hors prix car ma présence affecte la valeur des choses !

Je proclame que je suis hautement contagieux car la Contagion Source plane au-dessus des cieux que je suis. Elle me contamine ce qu'Elle est sans s'arrêter, et moi, en retour, je communique ce dépôt au reste de la terre qui s'approche de moi physiquement, émotionnellement et spirituellement !

Ainsi, toute personne que je touche garde un signe de moi en lui et du moi se promène en lui grâce au Dieu d'impact qui agit et opère en moi !

De même que je suis une extension de l'Esprit même, ceux qui m'entourent sont une extension de moi. Car je suis un cercle de grâce qui s'étend jusqu'aux autres !

Recueil de Proclamations Prophétiques et d'Adoration(RPPA) vol. II

Au Dieu qui m'a imaginé, à qui je ressemble et qui me rend visible en mes semblables soient la bénédiction de mon corps, de mon âme et de mon esprit, et à lui seul revienne le règne au-dessus du ciel de mon tréfonds !

Merci, merci, merci…

Recueil de Proclamations Prophétiques et d'Adoration(RPPA) vol. II

Je suis mère

Pour les femmes en difficultés d'enfantement

Pour attirer sur vous la manifestation du Dieu qui ouvre les entrailles

Pour provoquer le miracle de la conception

Le mystère de la conception et le miracle de l'enfantement sont en Dieu car c'est Lui qui ouvre les entrailles fermées. C'est Lui qui tient par la main pour terrasser les nations dans Sa présence, et pour relâcher la ceinture des rois, afin de leur ouvrir les portes pour qu'elles ne soient plus fermées; c'est Lui qui rompt les portes d'airain, et qui brise les verrous de fer. (Esaïe 45/2). Toute entrailles fermée l'est donc tout simplement pour laisser Dieu rentrer en scène. Votre bénédiction de maternité réside alors entre les mains de Dieu comme il est écrit : « *C'est l'œuvre du Dieu de ton père, qui t'aidera; C'est l'œuvre du Tout-Puissant, qui te bénira Des bénédictions des cieux en haut, Des bénédictions des eaux en bas, Des bénédictions des mamelles et du sein maternel.*»(Genèse 49/25). Et lorsque la Bible dit en Matthieu 6/33 : « *Cherchez premièrement le royaume et la justice de Dieu; et toutes ces choses vous seront données par-dessus* », cela veut dire que vous devez d'abord vous rendre en Dieu avant de recevoir Ses bénédictions car c'est en Lui que sont les trésors que vous recherchez. Si donc vous les recherchez ailleurs, vous ne pourrez les trouvez car vous ne trouverez pas des poissons sur des arbres ni des oiseaux au fond des océans. Rendez-vous à chaque endroit où vivent ces créatures et vous les trouverez. Il en est de même avec les bénédictions que vous recherchez. Dieu est la corne de bénédictions éternelles ou les bénédictions abondent sans s'épuiser. Ainsi, pour avoir, une bénédiction de sa matrice, Anne, la femme de Elkana se tourna vers Dieu comme on peut lire cette belle histoire dans 1Samuel 1/9-20 : « *Anne se leva, après que l'on eut mangé et bu à Silo. Le prêtre Eli était assis sur son siège, près de la porte du temple de l'Eternel. L'amertume dans l'âme, elle pria l'Eternel et pleura abondamment. Elle fit le vœu suivant:* **«*Eternel, maître de l'univers, si tu consens à regarder la détresse de ta servante, si tu te souviens de moi, si tu n'oublies pas ta servante et lui donnes un fils, je le consacrerai à l'Eternel pour toute la durée de sa vie et le rasoir ne passera pas***

Recueil de Proclamations Prophétiques et d'Adoration(RPPA) vol. II

sur sa tête.»... *Ils se levèrent de bon matin et, après avoir adoré l'Eternel, ils partirent et retournèrent chez eux à Rama. Elkana eut des relations conjugales avec Anne, sa femme, et **l'Eternel se souvint d'elle**. Dans le cours de l'année, Anne devint enceinte et **elle mit au monde un fils qu'elle appela Samuel, car, dit-elle, «je l'ai demandé à l'Eternel**.* » Ainsi, comprenez que la solution est en Dieu pour votre bénédiction comme la solution est en la terre pour la croissance d'un arbre parce que l'arbre est né de la terre et vous, vous êtes né de Dieu.

Cette proclamation vous aidera à provoquer le miracle, j'en suis convaincu, car avec votre cœur de maman potentielle, vous allez bousculer les portes du Ciel et Dieu qui est en vous va ouvrir au nom de Yeshua Ha Mashia !

Pour la réussite de cette proclamation, vous devez vous mettre en phase avec la consigne qui va suivre. Elle est à la deuxième personne parce que je souhaite que vous vous sentiez directement concerné.

Consigne :

- **Assois-toi correctement droit et ferme les yeux. Inspire et expire de l'air longuement et lentement trois fois de suite**. C'est pour ramener tes pensées dispersées à se concentrer sur un seul objectif. **Car une mémoire ou une personne dispersée atteint difficilement ses objectifs**. La dispersion est une dépense d'énergie et la voie sûr de l'échec. (Luc 10 /41-42). Ne fais qu'une chose à la fois, ne poursuit qu'un but à la fois (1 Corinthiens 9/24). C'est le premier secret du succès et de la réussite.
- **Pense à ce que tu as et qui te fait du bien.** C'est une attitude de gratitude qui plaît à Dieu parce que ta reconnaissance le glorifie, et est honorable à son cœur (Psaume 50/23 ; Ephésiens 5/20 ; 1 Thessaloniciens 5/19). **Ta reconnaissance est une clé qui t'ouvre les portes de la grâce prochaine.** C'était le secret des victoires de David. Il était reconnaissant à Dieu pour les succès du passée et c'est pourquoi il en remportait d'autres. (1Samuel 17/33 ; 37 et 50). Ressens la joie et l'amour dans ton cœur et ne te limite pas seulement à un simple exercice mental, car c'est le ressenti qui déclenche le

processus du miracle. Ressens la joie ! (1 Thessaloniciens 5/16). C'est le deuxième secret du succès et de la réussite.
- **Commence à bénir Dieu pour son amour pour toi. Remplis-toi des émotions agréables et ressens sa présence en toi et autour de toi** et ouvre progressivement les yeux.
- **Exécute la proclamation avec Foi, Amour et Force (FAF) pendant quinze (15) minutes** en t'appropriant les mots de ladite proclamation comme s'ils étaient de toi. Mais **si tu prends plusieurs proclamations à la fois, accorde dix (10) minutes à chacune d'elles.** Ne va pas vite et ne te précipite pas. Prends ton temps et tu ressentiras la présence de Dieu. Car ces proclamations prophétiques sont des prières. Et **prier c'est faire l'amour avec Dieu.** Or, l'amour est patient et doux. Sois ainsi pendant cet exercice.
- Je te conseille d'**exécuter ces proclamations chaque matin très tôt avant de quitter le lit et chaque soir avant de t'en dormir.** Car ce sont les moments propices où l'esprit est plus disposé et ouvert. Mais c'est le mouvement de l'Esprit de Dieu qui doit davantage avoir ton intérêt que cet horaire que je te propose en vue de t'orienter.

<u>**N.B :**</u> *Cette consigne est valable pour toutes les proclamations de ce programme. Il faut nécessairement commencer par elle. Car elle te permet de te mettre en état de réception qui est cette attitude qui vient à toi via le silence et la méditation, parce que, rappelles-toi, Dieu est dans l'espace du silence et c'est à ce seul endroit que tu peux le rencontrer et rentrer en contact avec Lui.*

Toutefois, si tu prends plus d'une proclamation à la fois, la seule fois que tu exécutes la consigne est suffisante pour toute la séance.

<u>**Proclamation n°12**</u>

Je proclame que je suis reconnaissante en Dieu de ce qu'Il m'a faite femme car c'est une grâce d'être qui je suis !

Je suis dans la joie d'être une femme. Car être une femme c'est être l'expression de la douceur de Dieu manifestée dans la chair !

Recueil de Proclamations Prophétiques et d'Adoration(RPPA) vol. II

Je proclame que je bénis Dieu pour la femme que je suis pour Sa gloire et pour ma joie parfaite, car j'existe pour expérimenter la joie parfaite !

Je proclame que Dieu a un plan parfait pour ma vie et je m'attends à Lui cœur joie car je sais qu'Il me fera encore du bien aujourd'hui plus qu'hier parce qu'Il améliore chaque jour davantage ma condition !

Je confesse que Dieu en pensant à moi entend que femme, Il a préparé ma matrice pour la maternité !

Dieu m'a créé femme car Il savait que j'éprouverai la joie de la maternité et j'affirme à nouveau que c'est ce plan parfait de Dieu pour ma vie qui va s'accomplir dès maintenant !

Je proclame que le Saint Esprit est à l'œuvre en moi. Il consume tout fibrome, toute trompe bouchée, tout handicap quel qu'il soit car l'heure de ma maternité est arrivée et arrive encore !

Je confis mon ventre, mon utérus, mes trompes et tous les organes de mon corps participant à la conception, au Saint Esprit afin qu'Il les renouvelle maintenant même par Sa puissance opérant en moi et dans tous le cosmos !

Mon corps, mon âme et mon esprit sont présentement dans les locaux de Dieu et je proclame que je suis mère par la vertu toute puissante du Saint Esprit et la grâce infinie de Dieu agissant en moi !

Je témoigne à Dieu mes offenses et Lui demande pardon du plus profond de mon être sur quelles qu'actions mauvaises que j'aurais commises par le passé. Je m'en repends et m'attend humblement à l'amour de Dieu qui pardonne sans retenir d'accusation sur le repentant !

Je proclame que mon esprit est désormais enfui en Dieu, mon âme est sainte et j'ai des pensées, des sentiments et des émotions tous emplis de vie, de paix, de bonheur et de joie parfaite en moi. Car Dieu me fait du bien !

Je renonce à jalouser toutes les autres femmes qui sont mères ou d'être envieuse d'elles. Au contraire, je bénis Dieu pour leur maternité. Car leur statut est une preuve que Dieu fait venir à moi pour m'attester que ce qu'Il a fait pour d'autres femmes, Il le fera pour moi !

Recueil de Proclamations Prophétiques et d'Adoration(RPPA) vol. II

Mon cœur est plein de joie et de gratitude car je sais que Dieu qui vit dans les profondeurs de mon esprit m'agrée et reçoit ma prière !

Je confesse que tout esprit des ténèbres qui m'a retirée ma joie et m'a amené à me sentir mal dans ma chair est livrée en spectacle maintenant même par la puissance du Saint Esprit qui m'atteste que Dieu m'aime et qu'il m'a déjà accordée ce que je désire !

Je renonce à laisser un e place au doute ou à Satan pour venir me perturber à propos de mon passé. Car je suis propriété de Dieu et Dieu est Celui qui a les reines de ma vie et c'est Lui qui déploie Sa gloire en moi en ce moment même pour me faire expérimenter la joie d'être mère par Sa grâce et par Son amour infini en vers moi !

Je refuse de croire que Dieu me punit pour mes fautes passées car dès ce jour, les choses anciennes sont passées et toutes choses sont devenues nouvelles pour moi !

Je proclame que Dieu m'aime et est disposer à me faire voir Sa gloire aujourd'hui et je m'attends à Lui comme aux jours de Anne !

Je déclare que JE SUIS mère (*répétez-le plusieurs fois de tous votre cœur*) !

Je révoque alors tout décret satanique prononcé contre ma conception et je déclare qu'à partir de maintenant, c'est le décret de Dieu qui me veut être mère qui rentre en vigueur dans ma vie au nom puissant de Yeshua Ha Mashia !

Je révoque tout pacte conscient ou inconscient contre ma fécondité et je proclame devant le Dieu Tout puissant en moi que je suis féconde par Sa grâce et par Sa puissance !

Rien, ni personne ne pourra m'empêcher d'être mère car je vois Dieu me bénir actuellement d'une multitude et je Luis rend éternellement grâce car Il a prix pitié de moi et a ouvert ma matrice pour me rendre mère !

Ainsi, toute personne à qui j'avais confié dans l'ignorance la responsabilité de ma maternité et tous ceux manipulant ma fécondité tombent dans la désillusion de Dieu qui les confond maintenant même !

Recueil de Proclamations Prophétiques et d'Adoration(RPPA) vol. II

Je confesse que toute réunion mystique ou physique destinée à me rendre stérile est sans succès car c'est Dieu qui a le mot de la fin dans ma vie et non pas un homme !

Ainsi, j'ordonne à Satan de dégager de mes trompes et de mon appareil reproducteur et de descendre dans les abimes du chao éternel !

J'annule tout pacte et toute alliance ayant hypothéqués ma maternité car l'heure est venue pour moi de voir la gloire de Dieu qui m'a créé femme pour être mère !

Je décrète un couvre-feu dans ma vie et en enfer, il n'y a pas de lieu où s'abriter. Car je revendique ma fécondité des mains du pilleur !

Je déclare que ma fécondité prend feu maintenant même entre les mains de tous ceux qui la retenaient. Ils lâchent prise et elle revient à moi à cet instant même !

Je déclare que l'enfer est en alerte et le Ciel est à l'œuvre et déployé pour ma cause, et il n'y a pas d'endroit où le mal puisse se cacher, ni dans mon être, ni à aucun autre car Dieu est Omniprésent que Omniscient !

Je proclame que Dieu investit tous les domaines de ma vie et je m'en trouve miraculeusement mère !

J'ordonne ainsi le déclanchement d'un ouragan apocalyptique dans les sphères spirituelles supérieures et qu'il détruise et abatte dans sa fureur tous les agents de l'enfer dressés contre ma conception !

Des profondeurs de mes entrailles, je sens tressaillir mon bébé futur dans le nom de Yesha Ha Mashia !

Je proclame de toute ma vie que JE SUIS mère !

Je proclame que je suis féconde. Ma fécondité repose dès à présent entre les mains de Dieu et Il me bénit d'un enfant aujourd'hui même par Sa grâce toute puissante au nom de Yeshua Ha Mashia !

Je proclame que le fruit de mes entrailles célèbrera éternellement le nom de l'Eternel qui ouvre les verrous de mon sein !

Recueil de Proclamations Prophétiques et d'Adoration(RPPA) vol. II

Je proclame ma joie en Dieu et mon bonheur en son amour. Il prête une attention toute particulière sur les paroles de ma bouche et m'accorde ce que mon cœur désire !

Je suis pleine de foi en Dieu qui vit en moi. J'ai été créé par Lui pour être heureux et pour faire toute Sa joie. Et pour cette raison, je sais que Dieu est actuellement dans la sphère spirituelle de mon être pour que j'expérimente la joie de la maternité !

Je proclame que je suis mère !

Je proclame que mes entrailles sont ouvertes !

Je proclame la présence d'un enfant dans mon utérus !

Je proclame le miracle de la maternité sur ma vie et je m'en trouve complètement joyeuse. Car Dieu me fait du bien !

Je proclame que ces paroles agissent dès à présent et m'amènent l'équivalent physique par la puissance du Saint Esprit en moi et par le nom sans pareil de Yeshua Ha Mashia qui règne dans Son Royaume que je suis !

Merci, merci, merci…

.

Recueil de Proclamations Prophétiques et d'Adoration(RPPA) vol. II

Seigneur, descends tous les murs

Pour une cure d'âme personnelle

Pour la réparation de l'aura

Pour une rencontre avec Dieu en vous

Pour une reconstruction de l'homme intérieur au bénéfice de l'homme extérieur

Votre épanouissement intérieur détermine votre épanouissement psycho-physique comme je vous l'expliquais déjà en amont de ce *RePPA* avec ces propos de Salomon : « *Le cœur joyeux égaie le visage, mais par le chagrin du cœur l'esprit est abattu.* » (Proverbes 15/13). Et c'est Dieu qui procure cette joie initiale dans le cœur de l'homme car Il y habite. Et c'est pour cette raison que nous lisons dans proverbes 7/17, ce qui suit : « *J'ai parfumé ma couche De myrrhe, d'aloès et de cinnamome.* » Ce parfum, c'est la joie que Dieu met en vous jusqu'à vous en rendre débordant comme il est écrit : « *Tu mets dans mon cœur plus de joie qu'ils n'en ont Quand abondent leur froment et leur moût.* »(Psaume 4/7). Cette joie en votre cœur a pour objectif d'affecter positivement votre corps comme on y lit : « *Aussi mon cœur est dans la joie, mon esprit dans l'allégresse, Et mon corps repose en sécurité.* »(Psaume 16/9). Tout ceci pour vous dire que l'état jovial de votre homme intérieur, qui détermine votre homme physique, dépend de Dieu. Inviter Dieu est donc le meilleur moyen de vous refaire car il n'y a que le potier qui peut revoir le pot qu'il a lui-même fait pour le réajuster lorsqu'il se serait brisé.

Appeler alors Dieu à revoir favorablement (et c'est tout ce qu'Il sait faire), votre être spirituel, émotionnel et physique consiste à Lui demander de réactiver votre flamme intérieur, à illuminer votre âme et à faire briller votre corps. En vous rapprochant de Dieu et en l'invitant dans votre histoire, vous entrez dans la grâce de son illumination car c'est Lui qui apporte la lumière directrice via Sa voix intuitive en vous comme il est écrit : « *Quand sa lampe brillait sur ma tête [intuition], Et que sa lumière me guidait dans les ténèbres [direction] !* » (Job 29/3). Ainsi, comprenez que lorsque vous marchez avec Dieu, Dieu éclaire votre tête qui est le siège de l'imagination. Et laquelle imagination est la lumière qui vous conduit c'est-à-dire la vision intérieure qui conduit votre vie à l'équivalent physique de cette image que vous voyez, et qu'on appelle destinée. En d'autre mot, lorsque vous marchez avec Dieu, Il vous donne une destinée vers laquelle Il se charge Lui-même, de Ses propres soins, de vous conduire. Cette destinée commence par l'intuition qui accouche une image en vous et qui finira toujours par une concrétisation. C'est pour cette raison que le Christ disait : « *Car il n'y a rien de secret qui ne soit manifesté; et il n'y a rien de caché qui ne vienne en évidence.*» (Marc 4/22). Ce qui est caché, c'est l'image intérieure, c'est la vision. La Bible dit donc ici qu'elle sera toujours manifester. Car tout ce qui est caché finit toujours par se montrer. Ainsi, suivre Dieu c'est-à-dire se laisser éclairer par Lui, vous amènera à vous présenter sous un nouveau jour, sous une nouvelle forme. Car c'est «...*le Seigneur qui mettra en lumière ce qui est caché dans les ténèbres, et qui manifestera les desseins des cœurs...* » (1Corinthiens 4/5).

Cette proclamation va donc vous aider à aboutir à un abandon total de votre être intérieur à Dieu qui vous conduira à votre félicité. Et, je vous prie de le noter, Dieu n'a pas besoin de votre aide. Laissez-le faire, laissez-le descendre tous les murs et Il vous surprendra lourdement en tout et pour tout.

Pour la réussite de cette proclamation, vous devez vous mettre en phase avec la consigne qui va suivre. Elle est à la deuxième personne parce que je souhaite que vous vous sentiez directement concerné.

Consigne :

- **Assois-toi correctement droit et ferme les yeux. Inspire et expire de l'air longuement et lentement trois fois de suite.** C'est pour ramener tes pensées dispersées à se concentrer sur un seul objectif. **Car une mémoire ou une personne dispersée atteint difficilement ses objectifs.** La dispersion est une dépense d'énergie et la voie sûr de l'échec. (Luc 10 /41-42). Ne fais qu'une chose à la fois, ne poursuit qu'un but à la fois (1 Corinthiens 9/24). C'est le premier secret du succès et de la réussite.
- **Pense à ce que tu as et qui te fait du bien.** C'est une attitude de gratitude qui plaît à Dieu parce que ta reconnaissance le glorifie, et est honorable à

son cœur (Psaume 50/23 ; Ephésiens 5/20 ; 1 Thessaloniciens 5/19). **Ta reconnaissance est une clé qui t'ouvre les portes de la grâce prochaine.** C'était le secret des victoires de David. Il était reconnaissant à Dieu pour les succès du passée et c'est pourquoi il en remportait d'autres. (1Samuel 17/33 ; 37 et 50). Ressens la joie et l'amour dans ton cœur et ne te limite pas seulement à un simple exercice mental, car c'est le ressenti qui déclenche le processus du miracle. Ressens la joie ! (1 Thessaloniciens 5/16). C'est le deuxième secret du succès et de la réussite.

- **Commence à bénir Dieu pour son amour pour toi. Remplis-toi des émotions agréables et ressens sa présence en toi et autour de toi** et ouvre progressivement les yeux.
- **Exécute la proclamation avec Foi, Amour et Force (FAF) pendant quinze (15) minutes** en t'appropriant les mots de ladite proclamation comme s'ils étaient de toi. Mais **si tu prends plusieurs proclamations à la fois, accorde dix (10) minutes à chacune d'elles.** Ne va pas vite et ne te précipite pas. Prends ton temps et tu ressentiras la présence de Dieu. Car ces proclamations prophétiques sont des prières. Et **prier c'est faire l'amour avec Dieu.** Or, l'amour est patient et doux. Sois ainsi pendant cet exercice.
- Je te conseille d'**exécuter ces proclamations chaque matin très tôt avant de quitter le lit et chaque soir avant de t'en dormir.** Car ce sont les moments propices où l'esprit est plus disposé et ouvert. Mais c'est le mouvement de l'Esprit de Dieu qui doit davantage avoir ton intérêt que cet horaire que je te propose en vue de t'orienter.

N.B : *Cette consigne est valable pour toutes les proclamations de ce programme. Il faut nécessairement commencer par elle. Car elle te permet de te mettre en état de réception qui est cette attitude qui vient à toi via le silence et la méditation, parce que, rappelles-toi, Dieu est dans l'espace du silence et c'est à ce seul endroit que tu peux le rencontrer et rentrer en contact avec Lui.*

Toutefois, si tu prends plus d'une proclamation à la fois, la seule fois que tu exécutes la consigne est suffisante pour toute la séance.

Recueil de Proclamations Prophétiques et d'Adoration(RPPA) vol. II

Proclamation n°13

Seigneur, Toi qui vit et règne depuis les Cieux et qui y plane au-dessus, je Te loue et je Te déclare mon amour et mon attachement !

Parce que je T'aime et que je T'adore, je Te prie de descendre tous les murs qui me composent afin que Tu dises à nouveaux : au commencement Dieu fit les Cieux, [mon esprit et mon âme], et le terre, [mon corps] !

Je veux que Tu me prennes sur les ruines d'une civilisation passée qui est mon ancienne nature, et que Tu y poses là-dessus, les fondements de l'Eden où Tu es le Dieu qui règne !

Je confesse que j'ai été profané et le passé ma traumatisé. Je veux pour cela que Tu descendes tous les murs de moi et que Tu me reconstruises !

J'ai eu un système de croyances nuisibles à ma vie, un système émotionnel amers in-favorable à la paix de mon corps !

Mes fondements ont été bougés et déplacés hors de Toi. Je veux alors que pour la nouvelle construction de moi, que Tu me fondes à nouveau en Toi qui est mon roc séculaire qu'aucun vent, fut-il impétueux, ne peut déplacer !

Je T'invite à refondre mon esprit dans Ton Esprit et qu'il en sorte un nouveau divin qui porte les marques de la Sagesse et de l'Amour Infini que Tu es !

Je veux être ce nouvel esprit en lequel Tu vois Ton Esprit, et en lequel Tu vois Toi-même hors de Toi !

Je confesse que Tu m'as créé, non pas pour que je sois envahi par des pensées, mais pour que je sois renversé par Ta voix silencieuse qui retentit au fond de mon esprit !

Je veux ainsi vivre au rythme des battements de Ton cœur et ressentir Ta présence dans toutes les régions de mes trois cieux !

Je T'ouvre le tréfonds de mon esprit pour que Tu T'y déploies et je proclame que Tu es ma Divinité et ma destinée. Car Tu es le domaine d'où je viens et où je m'en vais !

Recueil de Proclamations Prophétiques et d'Adoration(RPPA) vol. II

Je proclame que je passe de l'ambition à la permission. Car je lâche prise et je Te laisse Toi Dieu, T'occuper de Ta chambre qu'est mon cœur parce que Tu es le directeur de ma vie et de ma destinée !

Je m'oublie à Toi, Ô Dieu, et Tu vois en moi, non pas un serviteur, mais Toi-même qui est Le Serviteur de tous !

Par Ton amour et Ta présence au néant de mon commencement, je deviens cet esprit remplit d'amour, de joie, de paix et de douceur !

Je deviens par Ta permission en exercice en mon esprit, ce nouvel esprit rempli de la présence de la nué de gloire qui indique Ta présence Toute puissante !

Par la permission de Ton Esprit se mêlant à mon esprit, je déclare que je vis à nouveau l'expérience du lieu Très Saint que je suis !

Je proclame que je revis la puissance de Dieu et je deviens de nouveau le visage du Divin humanisé, c'est pourquoi mon visage d'homme se trouve dans Celui de Dieu, et n'en constituent, tous deux, qu'un seul visage !

Je confesse que ma nature se confond à la nature de Dieu et Son caractère est mon identité. Car je suis tout simplement ce que Dieu est !

Je confesse que je suis un verre de Dieu puisé de l'Océan Dieu. Nous sommes donc constitués des mêmes spécificités, car nous sommes une même eau !

Ainsi, Te priai-je de descendre les murs de mon âme car ils ont été tachés par des offenses et des souffrances, par des larmes et des deuils, par l'impure et l'impudicité. Pose à nouveau sur cette âme altérée, Dieu de mon salut, Ta main de Dieu et communique l'état de Ton âme au mien par Ta grâce !

Je Te prie de descendre les murs de tristesse et d'élever à la place, des murs de joie car je veux être heureux parce que le bonheur est mon héritage !

Descends les murs de l'abattement et de l'effroi et érige les murs de fortification et de foi !

Descends les murs de souillure de mon corps et montes-y les murs de pureté et de sanctification !

Recueil de Proclamations Prophétiques et d'Adoration(RPPA) vol. II

Descends tout ce qui a vieilli et renouvelle la muraille des trois forteresses qui me composent !

Que ce qui était mort et qui devait vivre revive en moi pleinement à partir de maintenant même !

Je proclame que je suis Ta forteresse, le lieu fortifié qui garde la présence de Ton Esprit et Ta puissance infinie !

Que Dans les profondeurs de mon esprit, Tu opère une activité réparatrice et que Ta lumière sublime s'empare de tout mon être. Car Je compte marcher de nouveau dans Ta lumière instructive et directrice !

Dieu d'infinie Majesté, je Te laisse libre cours dans ce que je suis pour que je sois Toi par Ta présence en moi !

Je Te laisse accomplir Ta puissance dans mon esprit, Tes merveilles dans mon âme et Ta Sagesse dans mon corps. Car je m'attends à devenir un nouveau château de gloire sorti du Dieu de gloire qui fait son entrée en lui !

Je proclame que je suis plein de joie et de contentement, et que l'honneur, la gloire, la puissance et le renouvellement reviennent à Dieu jusqu'au-dessus des Cieux de la triade que je suis !

Merci, merci, merci...

Je suis la chambre nuptiale de Dieu

Pour avoir la direction de Dieu

Pour augmenter votre complicité avec Dieu

Pour ressentir la présence de Dieu régulièrement auprès de vous

Faire de vous la chambre nuptiale de Dieu [et c'est ce que vous êtes], c'est faire de vous la chambre des révélations de Dieu. C'est devenir le lieu où Dieu exprime Ses opinions et donne Sa direction comme aux jours de Daniel qui obtenait la direction de Dieu pendant la nuit tel qu'il est écrit : « *Alors le secret fut révélé à Daniel dans une vision pendant la nuit. Et Daniel bénit le Dieu des cieux.* » (Daniel 2/19). La preuve qui atteste que vous êtes le lieu de manifestation du repos de Dieu est qu'Il vous donnera toujours la capacité d'être ce qu'Il est Lui-même c'est-à-dire qu'Il vous donnera d'avoir accès aux choses que seul Lui détient les mystères, cela vous distinguant de la sorte de ceux qui n'ont pas ce type de relation privilégiée avec Lui. Le Christ disait à ce propos ceci : « *...C'est à vous qu'a été donné le mystère du royaume de Dieu; mais pour ceux qui sont dehors, [hors de l'intimité de Dieu], tout se passe en paraboles.*» (Marc 4/11). L'intimité avec Dieu ferra s'enfouir en vous l'Esprit, l'Esprit même, celui qui sonde tout jusqu'aux profondeurs de Dieu Lui-même. «*...Car l'Esprit sonde tout, même les profondeurs de Dieu.*» (1 Corinthiens 2/10).

Etant donc la chambre nuptiale de Dieu, votre cœur s'en trouvera toujours visité par Lui pour vous manifester Sa présence, Son affection et Sa connaissance. Et cela produira toujours l'effet d'un amoureux qui va voir son amoureuse pour s'ouvrir à elle et vis-versa. On lit à ce propos : « *J'étais endormie, mais mon cœur veillait... C'est la voix de mon bien-aimé, qui frappe: -Ouvre-moi, ma sœur, mon amie, Ma colombe, ma parfaite! Car ma tête est couverte de rosée, Mes boucles sont pleines des gouttes de la nuit.* » (Cantiques des Cantiques 5/2). Etre alors complice avec Dieu augmentera votre sainte dépendance et votre confiance en Lui de telle sorte que, ne pas ressentir Sa présence vous donneras envie forcément de le ressentir, et réciproquement. En effet, David disait pour cela que : « *...La nuit, mes mains sont étendues sans se lasser; Mon âme refuse toute consolation.* » (Psaume 77/2). De même, Dieu en Christ disait qu'Il avait soif. Justement, Il a soif de vous

Recueil de Proclamations Prophétiques et d'Adoration(RPPA) vol. II

parce que vous êtes sont intimité. Pour cela, observez que c'est à une femme que Jésus avait demandé à boire. Car la femme symbolise l'intimité : « *Une femme de Samarie vint puiser de l'eau. Jésus lui dit: Donne-moi à boire.* » (Jean 4/7).

Ainsi, cette proclamation vous servira à augmenter votre niveau d'intimité avec Dieu. Elle vous aidera dans vos prises de décisions futures et éloignera de vous les sentiments négatifs qui rongent la bonne santé et qui volent le sourire aux lèvres des gens. Cette proclamation vous aidera à ressentir la présence et la Sagesse de Dieu dans les rues et les boulevards de tous votre être.

Pour la réussite de cette proclamation, vous devez vous mettre en phase avec la consigne qui va suivre. Elle est à la deuxième personne parce que je souhaite que vous vous sentiez directement concerné.

Consigne :

- **Assois-toi correctement droit et ferme les yeux. Inspire et expire de l'air longuement et lentement trois fois de suite.** C'est pour ramener tes pensées dispersées à se concentrer sur un seul objectif. **Car une mémoire ou une personne dispersée atteint difficilement ses objectifs.** La dispersion est une dépense d'énergie et la voie sûr de l'échec. (Luc 10 /41-42). Ne fais qu'une chose à la fois, ne poursuit qu'un but à la fois (1 Corinthiens 9/24). C'est le premier secret du succès et de la réussite.
- **Pense à ce que tu as et qui te fait du bien.** C'est une attitude de gratitude qui plaît à Dieu parce que ta reconnaissance le glorifie, et est honorable à son cœur (Psaume 50/23 ; Ephésiens 5/20 ; 1 Thessaloniciens 5/19). **Ta reconnaissance est une clé qui t'ouvre les portes de la grâce prochaine.** C'était le secret des victoires de David. Il était reconnaissant à Dieu pour les succès du passée et c'est pourquoi il en remportait d'autres. (1Samuel 17/33 ; 37 et 50). Ressens la joie et l'amour dans ton cœur et ne te limite pas seulement à un simple exercice mental, car c'est le ressenti qui déclenche le processus du miracle. Ressens la joie ! (1 Thessaloniciens 5/16). C'est le deuxième secret du succès et de la réussite.

- Commence à bénir Dieu pour son amour pour toi. Remplis-toi des émotions agréables et ressens sa présence en toi et autour de toi et ouvre progressivement les yeux.
- Exécute la proclamation avec **Foi, Amour et Force (FAF) pendant quinze (15) minutes** en t'appropriant les mots de ladite proclamation comme s'ils étaient de toi. Mais **si tu prends plusieurs proclamations à la fois, accorde dix (10) minutes à chacune d'elles.** Ne va pas vite et ne te précipite pas. Prends ton temps et tu ressentiras la présence de Dieu. Car ces proclamations prophétiques sont des prières. Et **prier c'est faire l'amour avec Dieu.** Or, l'amour est patient et doux. Sois ainsi pendant cet exercice.
- Je te conseille d'**exécuter ces proclamations chaque matin très tôt avant de quitter le lit et chaque soir avant de t'en dormir.** Car ce sont les moments propices où l'esprit est plus disposé et ouvert. Mais c'est le mouvement de l'Esprit de Dieu qui doit davantage avoir ton intérêt que cet horaire que je te propose en vue de t'orienter.

N.B : *Cette consigne est valable pour toutes les proclamations de ce programme. Il faut nécessairement commencer par elle. Car elle te permet de te mettre en état de réception qui est cette attitude qui vient à toi via le silence et la méditation, parce que, rappelles-toi, Dieu est dans l'espace du silence et c'est à ce seul endroit que tu peux le rencontrer et rentrer en contact avec Lui.*

Toutefois, si tu prends plus d'une proclamation à la fois, la seule fois que tu exécutes la consigne est suffisante pour toute la séance.

Proclamation n°14

Je suis heureux et reconnaissant en la force infinie de Dieu qui trône au sommet de mon esprit !

Je proclame que je suis une demeure d'amour, et l'Esprit de l'amour, l'AMOUR même, vit au fond de mon esprit qui n'est parfumé, lui aussi, que d'amour !

Recueil de Proclamations Prophétiques et d'Adoration (RPPA) vol. II

Je proclame que je suis la chambre haute de l'Eternel, c'est pourquoi je conserve mon corps de toute impureté, car je suis une chambre spéciale !

Je suis la chambre nuptiale de Dieu. Je suis la chambre de Ses mystères !

Dieu circule dans l'intimité de mon esprit et me donne d'avoir accès aux mystères de Son Esprit !

Dieu se voile en moi. Il s'y en lasse car je suis le lieu où reposent Ses plus grands secrets. Il s'ouvre à moi et me parle sur ma couche !

Sur ma couche, je suis amoureusement instruit car Dieu ouvre mon intelligence, Il me fait entrer dans les lieux inaccessibles et m'amène dans les lieux élevés pour me laisser voir ce que seul Son Esprit voit !

Je proclame que c'est en moi qu'Il prend plaisir à montrer Sa nature. Car ce n'est que dans son intimité que toute personne arrive à se dévoiler pleinement !

Je proclame que mon esprit est l'intimité de Dieu. C'est pourquoi à chaque fois qu'Il compte me parler, Il passe par mon cœur et y dépose des intuitions. Car je suis Son épouse et les époux se parlent dans l'intimité !

Dieu m'aime et ne lit en moi que la beauté qu'Il a Lui-même introduite, et Il se confie en moi avec assurance comme un bon époux a son épouse bien aimée !

Dans les cieux de mon esprit, je m'attends à Dieu à chaque instant. Je suis inconsolable de Son absence, c'est pourquoi Dieu ne me quitte jamais parce que je suis épris d'une sainte dépendance vis-à-vis de Lui. Car les désirs de mon cœur sont toujours portés vers Lui !

Il me confit Sa sagesse, Ses lumières, Son intelligence et Ses intuitions me parviennent sans cesse sur ma couche !

Sans cesse, Dieu me donne la direction et je m'en trouve investit d'une sagesse qu'on ne retrouve que chez Dieu !

Je déclare que mon esprit est la chambre nuptiale où Dieu et moi nous nous rencontrons et goutons au plaisir éternel de l'illumination !

Recueil de Proclamations Prophétiques et d'Adoration(RPPA) vol. II

Mon cœur s'en las en Dieu et Dieu s'en las en mon cœur car mon esprit est le lieu de notre amour !

Dieu et moi nous nous promenons amoureusement dans les profondeurs de mon tréfonds et ne rencontrons aucun ennemi ni dans mes pensées, ni dans mes émotions, ni dans mes sentiments, ni dans mes envies. Car la présence du Saint des Saint dans Son Saint des Saint suffit pour que rien qui ne Lui ressemble ne soit en moi !

Nous nous enfonçons dans les profondeurs de mon esprit et Dieu nettoie les espaces de mon cœur obscurcies par le doute et les douleurs et mon cœur devient une pure merveille !

Je proclame qu'en mon cœur, on y entendant que la voix de Dieu et aucune autre voix n'a accès à mon esprit !

Dieu parle à mon esprit et Il sécurise mon âme car c'est la pièce qui conduit à la chambre nuptiale que je suis !

Dieu veille sur mon corps. Car c'est là qu'est situé le cuivre d'airain de la purification des membres avant l'accès à la chambre nuptiale !

Je déclare que Dieu sanctifie complètement le parvis qu'est mon corps, Il instaure les chandeliers aux sept (7) Esprit Elohim dans mon âme pour éclairer ma pensée, et nous sommes Lui et moi dans l'intimité du Saint des Saint où Il me fait voir Sa gloire dans toute Sa splendeur !

Dieu goute aux fruits du palais de mon esprit et Il les agrée par Sa puissance !

Dieu donne un concert dans la chambre nuptiale de mon être profond, Il s'enfonce çà et là, sous les zones ombragées de mon moi, et je m'en trouve illuminée jusqu'aux confins de mon être infini !

Je proclame que je suis dans la chambre nuptiale de Dieu et je suis la chambre nuptiale de Dieu. Je suis le lieu où Il exprime Son amour et Ses désirs, c'est pourquoi Il met en moi le vouloir et le faire pour que j'accomplisse, non pas ce que je veux, mais ce qu'Il me dit lorsque nous sommes à deux !

Recueil de Proclamations Prophétiques et d'Adoration(RPPA) vol. II

Tout mon être écoute la voix de Dieu, car Sa voix est à mon être tout entier comme la voix d'un bien aimé malade d'amour pour sa bien-aimée, elle aussi, ivre d'amour !

Tout mon être est émerveillée car Dieu me fais entrer dans Ses palais et nous nous rendons régulièrement dans Sa chambre nuptiale que je porte en moi et que je suis car nous avons toujours des choses à nous dire et j'en sors constamment rempli d'un nouveau dépôt !

Je proclame que tout mon être est saint et pure. Je proclame que je suis un être de plaine lumière fabriqué par du matériel pur. Car je suis la chambre nuptiale du Rois de Gloire fabriquée à partir de sa propre personne !

Je proclame qu'en moi, on voit l'intimité de Dieu parce que je suis l'intimité de Dieu !

Je suis le lieu où Dieu se met à découvert car c'est dans la chambre nuptiale qu'on se découvre !

Mon esprit découvre l'Esprit de Dieu et nous nous émerveillons de l'Eternité à toujours comme les Hommes s'en émerveillent souvent pendant un bref laps de temps !

Je proclame que Dieu ne me cache rien. Il me dit tout car la chambre nuptiale est le lieu où on dit tout et où on exprime ses véritables sentiments !

Depuis les profondeurs de mn esprit, j'entends la voix de Dieu et je me réjouis en Lui qui fait de moi Sa couche, Sa chambre intime et le lieu où Il déverse Ses révélations.

Que la gloire et l'honneur reviennent à la Puissance Supérieure qui pense et accomplit Ses merveilles par moi depuis mon tréfonds, Sa résidence !

Merci, merci, merci…

Recueil de Proclamations Prophétiques et d'Adoration(RPPA) vol. II

Je domine !

Pour prendre le contrôle sur différentes situations qui se présentent à vous

Pour garder la tête haute face aux difficultés

Pour soumettre et faire taire tout vent contraire à votre vie

Le diable ne règne pas sur votre vie parce qu'il est puissant. Il règne parce que c'est vous qui lui en donniez le mandant légale de vous traîner dans la disette, le manque, la querelle et toutes les autres formes de douleurs que vous pouvez expérimenter. Car Tant que vous ne commandez pas à la tempête de se calmer, elle continuera à vous souffler dessus, qui que vous fussiez. Il faut que vous commandiez à la tempête et elle se calmera : « ...*Alors il se leva, menaça les vents et la mer, et il y eut un grand calme*. » (Matthieu 8/26). Mais tant que vous ne vous tournez pas vers elle pour la commander de se taire, elle parlera de plus belle jusqu'à vous noyer. Ainsi, lorsque vous faites face à de l'adversité, ce n'est plus l'heure d'appeler Dieu [comme le firent les disciples dans la barque], mais c'est l'heure de vous tourner vers l'obstacle et de lui commander de disparaître sans négociation aucune. C'est comme ça que ça marche! Mais, si vous vous tournez vers Dieu pour le supplier, alors que ce n'est plus l'heure de la supplication, mais ne la bataille, vous passerez encore un assez bon temps dans les troubles du vent marin qui menace de vous renverser à tout moment.

Autrement dit, ce qui vous arrive dépend de votre attitude vis-à-vis de cette chose. Le mal l'emporte sur vous selon que vous le laissez agir, et il est écrasé selon aussi que vous décidez de ne plus le laisser avoir une emprise sur vous. Car vous êtes intrinsèquement libre et vous avez naturellement le pouvoir de dominer sur les choses parce que c'est la raison même pour laquelle Dieu vous a manifesté dans la création comme il est écrit : « *Puis Dieu dit:* ***Faisons l'homme à notre image****, selon notre ressemblance,* ***et qu'il domine*** *sur les poissons de la mer, sur les oiseaux du ciel, sur le bétail, sur toute la terre, et sur tous les reptiles qui rampent sur la terre.*»(Genèse 1/26). Comprenez donc que la puissance de domination qui est en vous est bien plus puissante que la menace qui se tient à votre porte. Vous avez le pouvoir de parler aux situations en face et de leur ordonner de disparaitre, et vous les verrez-vous obéir parce que vous êtes ici pour les soumettre. Et ses situations le savent même mieux que vous. Ainsi, les situations indésirables persisteront dans votre vie tant que vous ne leur aurez pas dit que vous êtes leur Dieu comme Dieu est le Dieu du Ciel.

Mais, Satan étant devenu le maitre du monde, c'est pourquoi ce qui était soumis à l'homme que vous êtes, lui est désormais soumis et tante, de ce fait, de vous agresser. Cependant, la bonne nouvelle est que vous avez conservez dans votre esprit le pouvoir de domination que Dieu avait enfoui en l'homme au fin d'exercer Son autorité sur toute la création physique comme le fait Lui-même sur le monde de l'invisible. C'est pour cette raison que, malgré le mal qui était en lui, Caïn avait le pouvoir de dominer sur l'extérieur c'est-à-dire sur les situations de la vie. Il avait la capacité de les dompter et de les soumettre au pouvoir qui était en lui. C'est pour cette raison que Dieu lui dit ceci : «*Certainement, si tu agis bien, tu relèveras ton visage, et si tu agis mal, le péché se couche à la porte, et ses désirs se portent vers toi : mais toi, DOMINE SUR LUI.*». (Genèse 4/7). Autrement dit, tout vous est soumis, c'est à vous tout simplement d'en décider. Car Dieu a fait l'homme comme Dieu est. Il lui a soumis toute la terre comme l'univers Lui est soumis à Lui-même. Rien ne peut, de ce fait, vous dépasser car rien ne dépasse Dieu. Vous êtes exactement comme Lui et David disait à Dieu à propos de l'autorité de l'homme que : « *Tu l'as fait de peu inférieur à Dieu, Et tu l'as couronné de gloire et de magnificence. Tu lui as donné la domination sur les œuvres de tes mains, Tu as tout mis sous ses pieds.* » (Psaume 8/5-6). Ainsi, les situations persistent et vous écrases parce que vous ne leur avez pas encore parlé ni ramener à leur vrai place qui est sous vos pieds comme Jésus disait aux disciples, lorsqu'il leur rappelait l'autorité qu'il leur a fait manifester : « *Voici, je vous donne la puissance de marcher sur les serpents et sur les scorpions, et sur toute la force de l'ennemi; et rien ne vous nuira.* »(Luc 10/19). Prenez donc vos responsabilités et renvoyez chacun à sa place. Vous, à la domination, les évènements et les forces des ténèbres à la place des choses dominées. Amen ?!

Cette proclamation vous aidera à calmer les tempêtes qui soufflent et qui ne veulent s'arrêter. Car votre proclamation de foi va revoir l'ordre des choses dans le nom de Yeshua Ha Mashia !

Recueil de Proclamations Prophétiques et d'Adoration (RPPA) vol. II

Pour la réussite de cette proclamation, vous devez vous mettre en phase avec la consigne qui va suivre. Elle est à la deuxième personne parce que je souhaite que vous vous sentiez directement concerné.

<u>Consigne :</u>

- **Assois-toi correctement droit et ferme les yeux. Inspire et expire de l'air longuement et lentement trois fois de suite.** C'est pour ramener tes pensées dispersées à se concentrer sur un seul objectif. **Car une mémoire ou une personne dispersée atteint difficilement ses objectifs.** La dispersion est une dépense d'énergie et la voie sûr de l'échec. (Luc 10 /41-42). Ne fais qu'une chose à la fois, ne poursuit qu'un but à la fois (1 Corinthiens 9/24). C'est le premier secret du succès et de la réussite.
- **Pense à ce que tu as et qui te fait du bien.** C'est une attitude de gratitude qui plaît à Dieu parce que ta reconnaissance le glorifie, et est honorable à son cœur (Psaume 50/23 ; Ephésiens 5/20 ; 1 Thessaloniciens 5/19). **Ta reconnaissance est une clé qui t'ouvre les portes de la grâce prochaine.** C'était le secret des victoires de David. Il était reconnaissant à Dieu pour les succès du passée et c'est pourquoi il en remportait d'autres. (1Samuel 17/33 ; 37 et 50). Ressens la joie et l'amour dans ton cœur et ne te limite pas seulement à un simple exercice mental, car c'est le ressenti qui déclenche le processus du miracle. Ressens la joie ! (1 Thessaloniciens 5/16). C'est le deuxième secret du succès et de la réussite.
- **Commence à bénir Dieu pour son amour pour toi. Remplis-toi des émotions agréables et ressens sa présence en toi et autour de toi** et ouvre progressivement les yeux.
- **Exécute la proclamation avec Foi, Amour et Force (FAF) pendant quinze (15) minutes** en t'appropriant les mots de ladite proclamation comme s'ils étaient de toi. Mais **si tu prends plusieurs proclamations à la fois, accorde dix (10) minutes à chacune d'elles.** Ne va pas vite et ne te précipite pas. Prends ton temps et tu ressentiras la présence de Dieu. Car ces proclamations prophétiques sont des prières. Et **prier c'est faire l'amour avec Dieu.** Or, l'amour est patient et doux. Sois ainsi pendant cet exercice.
- Je te conseille d'**exécuter ces proclamations chaque matin très tôt avant de quitter le lit et chaque soir avant de t'en dormir.** Car ce sont les

moments propices où l'esprit est plus disposé et ouvert. Mais c'est le mouvement de l'Esprit de Dieu qui doit davantage avoir ton intérêt que cet horaire que je te propose en vue de t'orienter.

N.B : *Cette consigne est valable pour toutes les proclamations de ce programme. Il faut nécessairement commencer par elle. Car elle te permet de te mettre en état de réception qui est cette attitude qui vient à toi via le silence et la méditation, parce que, rappelles-toi, Dieu est dans l'espace du silence et c'est à ce seul endroit que tu peux le rencontrer et rentrer en contact avec Lui.*

Toutefois, si tu prends plus d'une proclamation à la fois, la seule fois que tu exécutes la consigne est suffisante pour toute la séance.

Proclamation n°15

Je proclame que Dieu est Tout Puissant et tout l'univers tremble dans Sa présence !

Devant la face de Dieu, les collines s'abaissent, les montagnes s'effondrent, les ravins se plaignent et les voies tortueuses se redressent ainsi que les chemins rocailleux qui s'aplanissent !

Tous les oiseaux du firmament, les reptiles et tous les animaux des champs ainsi que toute la création qui se meut sur la terre cachent leurs visages pour ne pas regarder la face de la gloire éblouissante de Dieu en face de laquelle toute souillure ne peut subsister !

Les créatures de l'invisible et du sous-sol supplient aux montagnes de les protéger afin qu'ils ne voient pas la face éblouissante de Dieu oubliant que ce Dieu terrible a établi son trône sur les montagnes !

Je proclame que je suis image de ce Dieu d'épouvante et d'infinie puissance, et je possède Son caractère. Je suis la montagne de Sa demeure, c'est pourquoi dans ma présence, tout est soumis à mon autorité entant que montagne de Dieu !

Recueil de Proclamations Prophétiques et d'Adoration (RPPA) vol. II

Je proclame qu'aucune épreuve de la vie ne peut l'emporter sur moi parce que je porte l'Autorité Suprême en moi !

Tout vent impétueux se tient au silence quand je me lève et la barque de ma vie retrouve sa paix parfaite. Car je suis né pour être heureux !

Je proclame que je suis la pensée du 6ᵉ Esprit de Dieu et je porte la marque des 7 Elohim Dieu. Ils se tiennent aux 7 portes de ma vie et chacun de ces Elohim exerce Sa domination à travers moi sur tout ce qui vient à moi !

Je suis la monture des 7 Esprits de Dieu et Ils se rendent présents dans ma présence où que j'arrive. Car j'ai la marque de leur présence en moi et c'est pourquoi toute créature se tient en soumission face à moi !

Je proclame que j'ai les attributs de Dieu car je suis fait selon Son caractère et c'est pour cette raison que je proclame que toute créature m'est soumise comme à Dieu Lui-même !

Je déclare que les forteresses s'effondrent en face de moi et les dominations se cachent le visage fronts contre terre car je suis investi de la puissance des 7 Esprits-Elohim qui brulent devant le trône de Dieu !

Je déclare que tout obstacle prend feu devant moi et se consume dans ma présence car je suis un chandelier allumé et je brule tout ce qui s'approche de la flamme puissante que je suis !

Je suis un buisson ardant et un serpent brûlant. Je suis un feu divin où le Divin fait entendre Sa voix de Dieu !

Des vautours cherchent des niches, des lions cherchent des tanières et les monstres marins cherchent des grottes sous-marines pour s'abriter. Car ma présence est irrésistible au nom de Yeshua Ha Mashia !

Car Je me lève et je menasse de la voix de Dieu qui agit en moi, la tempête et la mer qui se dresse contre la barque de ma vie !

Je commande à tout esprit de manque de disparaitre de ma vie. Toi (*dire le nom de la situation*), qui hante ma vie, je t'ordonne de disparaitre de ma vie à compter de cet instant précis !

Recueil de Proclamations Prophétiques et d'Adoration(RPPA) vol. II

Je proclame que la terreur prend peur de moi à partir de maintenant, et des légions dénudées me supplient de ne pas les perdre dans la géhenne, car j'ai le pouvoir de marcher sur les serpents, les scorpions et sur toute la puissance infernale !

La misère et la pauvreté s'enfuient par crainte de faire ma rencontre !

L'ignorance s'éteint et la connaissance éclate dans ma présence. Les portes se créent, s'ouvrent et les linteaux s'élèvent car ma présence marque la fin de toute résistance satanique contre la destinée des nations !

Dans ma présence, les opportunités abondent et me supplient de les saisir car la corne des bénédictions de la Source d'Abondance coule des grâces comme une eau sur moi depuis Son éternité en moi !

Je proclame que l'Armageddon de Dieu m'environne en bouclier et toute la création garde le nez vers le sol quand je me produis !

Le royaume des ténèbres, dans la parfaite soumission, m'offre des cadeaux et paye mes factures comme il est écrit : «*Tu boiras de l'eau du torrent, et j'ai ordonné aux corbeaux de te nourrir là....* » !

Toute la création est dans ma main et je domine sur elle par la puissance des 7 Esprits de Dieu en moi et qui sont auteurs de cette création qui est mon lègue !

Aucun évènement ni circonstance ne saurait prendre de l'emprise sur moi car Dieu m'a établi maitre sur toutes ces choses et je les soumets à moi !

Je proclame que je suis un centre d'autorité et de parfaite domination Diétale et je règne sur la création avec l'Esprit Supérieur qui m'y a établi !

Je ne me laisserai jamais emporter par un évènement désagréable car je sais que tôt ou tard, tout reviendra dans l'ordre parce que je suis un centre d'ordre et c'est Dieu en moi qui le fera à partir de Lui-même !

Dans ma présence, tout figuier stérile dessèche depuis la racine jusqu'au feuillage car je suis le maitre du grand jardin !

Je déclare que toutes les situations, quelles qu'elles soient, se présentent à moi sous leur visage béni. Car Je suis un centre de bénédictions et je soumets tout ce qui s'approche de moi à cette Esprit de la bénédiction parfaite !

Recueil de Proclamations Prophétiques et d'Adoration(RPPA) vol. II

Dans ma présence, les sorciers perdent leurs capacités mystiques à 777 km à la ronde. Car je suis assiégé par le divin Esprit qui règne en moi à 777km à ronde !

Je suis un centre d'influence positive et tout ce qui s'approche de moi se soumet à la nature de mon esprit investit de la puissance de Dieu !

Je proclame que je suis en paix avec moi-même et je ne craints rien. Car je suis investi d'une autorité divine avec de laquelle aucune situation ou circonstance ne peut tenir !

Au Dieu de ma domination soient toute la puissance et la gloire dès ce siècles jusqu'à la consommation des siècles qui n'auront pas de fin !

Merci, merci, merci…

Recueil de Proclamations Prophétiques et d'Adoration(RPPA) vol. II

Je suis sous la bonne fréquence...

Pour transformer votre mentalité afin de créer les miracles que vous voulez voir dans votre vie

Pour vous aligner à Dieu afin de vivre vos rêves les plus profonds

Dans son chapitre 30 au verset 26, Job disait : « *J'attendais le bonheur, et le malheur est arrivé; J'espérais la lumière, et les ténèbres sont venues.* » Pourquoi lui était-il arrivé l'opposé de ce qu'il disait désirer ? Cela trouve son explication dans le chapitre 3 au verset 25 quand il disait : « *Ce que je crains, c'est ce qui m'arrive; Ce que je redoute, c'est ce qui m'atteint.*» Il faudra donc, à partir d'ici, comprendre que ce n'est pas ce à quoi on s'attend qui vient à nous, c'est ce qu'on ressent qui détermine ce qui va faire l'objet de notre expérience. Car nos sentiments et nos émotions jouent pour nous un rôle de système de guidance. Pour donc recevoir de la joie, il vous faut déjà éprouver de la joie, pour recevoir plus de bien-être, sentez-vous déjà bien, c'est pourquoi il est écrit : «*Car on donnera à celui qui a, et il sera dans l'abondance, mais à celui qui n'a pas on ôtera même ce qu'il a.* » (Matthieu 25/29). Ceci voudrait autrement dire que si vous avez de la joie, on vous-en ajoutera, mais si vous manquez de cette joie, on vous en ôtera le peu de joie dont vous pourrez disposer et on augmentera le manque que vous ressentez. Car vous attirez plus ce que vous avez et vous perdez plus ce qui vous manque c'est pourquoi les pauvres sont davantage pauvres parce qu'ils sont inscrit dans la case du manque. Dans ce cas, la loi du manque se manifeste tout simplement dans la vie de ces gens, tandis que chez ceux qui ont, c'est la loi de l'abondance qui s'y applique.

Ainsi, cette proclamation, vous aidera à vous aligner sous la fréquence mentalo-spirituelle de tous ceux qui obtiennent ce qu'ils veulent obtenir et dont aucun n'obstacle ne peut freiner.

Recueil de Proclamations Prophétiques et d'Adoration(RPPA) vol. II

Pour la réussite de cette proclamation, vous devez vous mettre en phase avec la consigne qui va suivre. Elle est à la deuxième personne parce que je souhaite que vous vous sentiez directement concerné.

<u>Consigne :</u>

- **Assois-toi correctement droit et ferme les yeux. Inspire et expire de l'air longuement et lentement trois fois de suite.** C'est pour ramener tes pensées dispersées à se concentrer sur un seul objectif. **Car une mémoire ou une personne dispersée atteint difficilement ses objectifs.** La dispersion est une dépense d'énergie et la voie sûr de l'échec. (Luc 10 /41-42). Ne fais qu'une chose à la fois, ne poursuit qu'un but à la fois (1 Corinthiens 9/24). C'est le premier secret du succès et de la réussite.
- **Pense à ce que tu as et qui te fait du bien.** C'est une attitude de gratitude qui plaît à Dieu parce que ta reconnaissance le glorifie, et est honorable à son cœur (Psaume 50/23 ; Éphésiens 5/20 ; 1 Thessaloniciens 5/19). **Ta reconnaissance est une clé qui t'ouvre les portes de la grâce prochaine.** C'était le secret des victoires de David. Il était reconnaissant à Dieu pour les succès du passée et c'est pourquoi il en remportait d'autres. (1Samuel 17/33 ; 37 et 50). Ressens la joie et l'amour dans ton cœur et ne te limite pas seulement à un simple exercice mental, car c'est le ressenti qui déclenche le processus du miracle. Ressens la joie ! (1 Thessaloniciens 5/16). C'est le deuxième secret du succès et de la réussite.
- **Commence à bénir Dieu pour son amour pour toi. Remplis-toi des émotions agréables et ressens sa présence en toi et autour de toi** et ouvre progressivement les yeux.
- **Exécute la proclamation avec Foi, Amour et Force (FAF) pendant quinze (15) minutes** en t'appropriant les mots de ladite proclamation comme s'ils étaient de toi. Mais **si tu prends plusieurs proclamations à la fois, accorde dix (10) minutes à chacune d'elles.** Ne va pas vite et ne te précipite pas. Prends ton temps et tu ressentiras la présence de Dieu. Car ces proclamations prophétiques sont des prières. Et **prier c'est faire l'amour avec Dieu.** Or, l'amour est patient et doux. Sois ainsi pendant cet exercice.
- Je te conseille d'**exécuter ces proclamations chaque matin très tôt avant de quitter le lit et chaque soir avant de t'en dormir.** Car ce sont les

moments propices où l'esprit est plus disposé et ouvert. Mais c'est le mouvement de l'Esprit de Dieu qui doit davantage avoir ton intérêt que cet horaire que je te propose en vue de t'orienter.

N.B : *Cette consigne est valable pour toutes les proclamations de ce programme. Il faut nécessairement commencer par elle. Car elle te permet de te mettre en état de réception qui est cette attitude qui vient à toi via le silence et la méditation, parce que, rappelles-toi, Dieu est dans l'espace du silence et c'est à ce seul endroit que tu peux le rencontrer et rentrer en contact avec Lui.*

Toutefois, si tu prends plus d'une proclamation à la fois, la seule fois que tu exécutes la consigne est suffisante pour toute la séance.

Proclamation n°16

Je proclame que je suis une extension de Dieu. Je suis une façon qu'à Dieu de prendre conscience de Lui-même dans la créature !

Je proclame que j'ai les mêmes pensées que et son abondance de vie se manifeste en tous égards de ma vie !

Je proclame que Dieu est ravi de s'identifier en moi dans cette expérience de l'Esprit dans la matière qu'est mon corps !

Je suis une manifestation humaine de l'Energie Source, de la Splendeur Originelle qui a créé les mondes invisibles et visibles !

Je proclame que je suis né pour créer une nouvelle réalité car je sors de la Vérité-Source qui exprime Sa pleine conscience en moi !

Je proclame que j'ai de bonnes pensées et de bonnes émotions et sentiments. Car je sais que c'est ce que je ressens que je crée dans ma vie !

Je proclame que j'ai une bonne imagination et je crée des choses bonnes et agréables car je suis né pour exprimer la bonté !

Recueil de Proclamations Prophétiques et d'Adoration (RPPA) vol. II

Je déclare que pendant ma présence dans ce monde, où je fais l'expérience d'être humain alors que je suis un esprit venu de l'Esprit Source, je créerai la réalité que Dieu veut créer à travers moi. Une réalité de joie, d'amour et de paix !

Je proclame que je suis une joyeuse créature et tout ce que je manifeste porte la marque du bien-être car toute créature porte la marque de son créateur !

Je proclame que je suis libre car la liberté est mon essence et rien ni personne ne me stoppera !

Ce que je désire viendra à manifestation car je suis en phase avec l'Intelligence Infinie à qui toute idée de création et de manifestation est à portée de main !

Je proclame que tous mes désirs parviennent à Dieu et je me mets dans un état joyeux car je sais que Dieu transforme les désirs de mon cœur en réalité !

Je proclame que je suis le créateur de ma réalité à travers mes pensées dominants car toute pensée est une prière qu'elle soit bonne ou mauvaise. Je choisis, dans ma liberté, des pensées agréables et emplies de reconnaissance et de joie en Dieu !

Je choisis une attitude positive et constructive et refuse d'abandonner mon esprit dans des sentiments et des émotions inferieurs !

Je proclame que je me sens bien, j'en viendrai à l'accomplissement de ce pourquoi je suis ici car le fard intérieur me conduit !

Je proclame que je suis heureux, parce que le plus beau présent que je puisse offrir à moi-même et aux autres c'est d'être heureux !

Je proclame que toutes mes expériences physiques, quelles qu'elles soient, me rapprochent chaque jour un peu plus du but pour lequel je suis ici dans ce monde !

Je proclame que les désirs de mon cœur et les choses que je voudrais manifester dans ma vie viennent de l'Esprit Source, Dieu qui vit dans la chambre nuptiale de mon cœur. Car c'est Lui qui donne le vouloir et le faire !

Je proclame que je n'aurais crainte de rien et ne manquerai pas de foi parce qu'il y a une harmonie vibratoire infiniment puissante entre Dieu et moi !

Recueil de Proclamations Prophétiques et d'Adoration(RPPA) vol. II

Comme Paul, je ne fais qu'une chose, je poursuis le but pour lequel Dieu m'a manifesté car je veux rester sous la fréquence de la radio que je souhaite écouter et sous la fréquence des choses que je souhaite voir arriver dans ma vie !

Je proclame que je suis un être spirituel et je vibre sous la fréquence de Dieu. Car je refuse de transmettre des signaux négatifs qui créeraient des choses que je ne souhaite pas recevoir dans ma vie !

Je proclame que je suis concentré sur la personne de Dieu et manifesterai à toujours et tous les jours de ma vie, les pensées de joie, de paix, d'amour, de plénitude. Car je souhaite recevoir dans mon expérience, des choses agréables qui béniront encore un peu plus ma vie !

Je refuse de me concentrer sur des choses qui ne participent pas au bonheur de ma vie, ni au plan parfait de l'Esprit Source pour ma vie !

J'ai des pensées changées et transformées. Je crois à l'invisible et je passe par les murs et atteins mes objectifs par la grâce de Dieu et la manifestation de la puissance de Son Esprit en moi !

Je proclame que j'expérimenterai la vie et je la communiquerai où que j'arriverai car je suis un centre de transformation et d'influence positive !

Je proclame mon bonheur, ma joie parfaite, ma bonne santé, mes bonnes fortunes et je suis en état de perpétuelle adoration vis-à-vis de la Puissance Infinie qui m'a faite être Son image selon son caractère !

Merci, merci, merci…

Recueil de Proclamations Prophétiques et d'Adoration(RPPA) vol. II

Mon partenaire m'aime chaque jour toujours plus...

Pour que l'amour de votre partenaire augmente vis-à-vis de vous

Pour augmenter une complicité dans votre couple avec votre partenaire

Le degré d'amour qu'on vous donne dépend entièrement de vous. Il dépend d'abord de ce que vous donnez car « *Donnez, et il vous sera donné...* » (Luc 6/38), et il dépend ensuite de ce que vous attendez véritablement de Dieu à propos de votre partenaire « *Remets-moi en mémoire, et plaidons ensemble; toi, déduis [tes raisons], afin que tu te justifies* » (Esaïe 43/26). Comprenez que pour être aimer, vous devez donner cet amour que vous demandez en premier. N'aimez pas à 50% car ce n'est pas possible d'aimer à moitié parce que vous ne pouvez pas mesurer l'amour. Aimez véritablement sans crainte ni peur car l'amour ne soupçonne pas le mal. Puis, dites à Dieu tout ce que vous attendez de votre partenaire et Dieu vous l'accordera de suite, comme lu en Esaïe.

Cette proclamation va vous aidez à prendre le cœur de votre conjoint et à provoquer l'augmentation de son amour vis-à-vis de vous.

Pour la réussite de cette proclamation, vous devez vous mettre en phase avec la consigne qui va suivre. Elle est à la deuxième personne parce que je souhaite que vous vous sentiez directement concerné.

Consigne :

- **Assois-toi correctement droit et ferme les yeux. Inspire et expire de l'air longuement et lentement trois fois de suite**. C'est pour ramener tes pensées dispersées à se concentrer sur un seul objectif. **Car une mémoire ou une personne dispersée atteint difficilement ses objectifs**. La dispersion est une dépense d'énergie et la voie sûr de l'échec. (Luc 10 /41-42). Ne fais qu'une chose à la fois, ne poursuit qu'un but à la fois (1 Corinthiens 9/24). C'est le premier secret du succès et de la réussite.

Recueil de Proclamations Prophétiques et d'Adoration(RPPA) vol. II

- **Pense à ce que tu as et qui te fait du bien.** C'est une attitude de gratitude qui plaît à Dieu parce que ta reconnaissance le glorifie, et est honorable à son cœur (Psaume 50/23 ; Ephésiens 5/20 ; 1 Thessaloniciens 5/19). **Ta reconnaissance est une clé qui t'ouvre les portes de la grâce prochaine.** C'était le secret des victoires de David. Il était reconnaissant à Dieu pour les succès du passée et c'est pourquoi il en remportait d'autres. (1Samuel 17/33 ; 37 et 50). Ressens la joie et l'amour dans ton cœur et ne te limite pas seulement à un simple exercice mental, car c'est le ressenti qui déclenche le processus du miracle. Ressens la joie ! (1 Thessaloniciens 5/16). C'est le deuxième secret du succès et de la réussite.
- **Commence à bénir Dieu pour son amour pour toi. Remplis-toi des émotions agréables et ressens sa présence en toi et autour de toi** et ouvre progressivement les yeux.
- **Exécute la proclamation avec Foi, Amour et Force (FAF) pendant quinze (15) minutes** en t'appropriant les mots de ladite proclamation comme s'ils étaient de toi. Mais **si tu prends plusieurs proclamations à la fois, accorde dix (10) minutes à chacune d'elles**. Ne va pas vite et ne te précipite pas. Prends ton temps et tu ressentiras la présence de Dieu. Car ces proclamations prophétiques sont des prières. Et **prier c'est faire l'amour avec Dieu.** Or, l'amour est patient et doux. Sois ainsi pendant cet exercice.
- Je te conseille d'**exécuter ces proclamations chaque matin très tôt avant de quitter le lit et chaque soir avant de t'en dormir.** Car ce sont les moments propices où l'esprit est plus disposé et ouvert. Mais c'est le mouvement de l'Esprit de Dieu qui doit davantage avoir ton intérêt que cet horaire que je te propose en vue de t'orienter.

N.B : *Cette consigne est valable pour toutes les proclamations de ce programme. Il faut nécessairement commencer par elle. Car elle te permet de te mettre en état de réception qui est cette attitude qui vient à toi via le silence et la méditation, parce que, rappelles-toi, Dieu est dans l'espace du silence et c'est à ce seul endroit que tu peux le rencontrer et rentrer en contact avec Lui.*

Toutefois, si tu prends plus d'une proclamation à la fois, la seule fois que tu exécutes la consigne est suffisante pour toute la séance.

Recueil de Proclamations Prophétiques et d'Adoration(RPPA) vol. II

Proclamation n°17

Je proclame que Dieu m'aime et repose aux portes de ma bouche !

Je proclame que j'aime Dieu et mon amour pour Lui est infini comme le Sien l'est pour moi !

Dieu est en attente des confessions de ma bouche pour les rendre visibles dans ma vie !

Je proclame alors que je suis heureuse en Dieu et ce Dieu qui veille aux portes de ma bouche transforme ces paroles en expériences de vie et j'en suis pleinement satisfait dans mon cœur et dans mon âme et mon corps le ressent aussi !

Je proclame que c'est ce que je veux profondément que Dieu m'accorde et Il sait que je veux dans mon tréfonds que le cœur de mon homme (*dire son nom*), me soit pleinement dévoué !

Ainsi, je proclame de tout mon cœur que (*dire son nom*) m'aime chaque jour un peu plus qu'avant !

(*Dire son nom*), je proclame devant Dieu qui nous a créé que tu m'aimes profondément et tu me le montres clairement avec tendresse et douceur !

Chaque jour, tu découvres de nouvelles merveilles sur moi. Je confesse que tu aimes mon corps, il t'attire comme un aimant, tu aimes mes idées et tu aimes mon état d'esprit tout comme moi j'aime ton corps, ton âme et ton cœur !

(*Dire son nom*), je t'aime profondément d'un amour parfait et cette amour raisonne dans ton cœur qui s'éveille et bat pour moi en ce moment même que je prononce ton nom !

(*Dire son nom*), le Dieu d'amour qui vit en moi augmente ton amour envers moi un peu plus qu'avant et tu n'as d'yeux que pour moi, tout comme je ne regarde que toi !

(*Dire son nom*), tu m'aimes et tu m'aimes de tout ton cœur et je suis heureuse en Dieu qui augmente l'amour en ton cœur vis-à-vis de moi !

Recueil de Proclamations Prophétiques et d'Adoration(RPPA) vol. II

(*Dire son nom*), tu es a moi et je suis à toi. Tu m'aimes et tu n'as d'yeux que pour moi par la puissance du Dieu d'amour qui nous unis !

(*Dire son nom*), tu m'aimes un peu plus chaque jour (*le dire lentement 7fois de suite*) !

Mon image défile dans ton esprit et tout mon être t'est agréable et ton âme s'agite à mon sujet car tu as toujours envie de me voir et de me prendre dans tes bras !

Tu aimes mon palais, il t'est agréable et tu veux y habiter tout le temps !

Je proclame que tu m'aimes aujourd'hui un peu plus qu'hier !

(*Dire son nom*), tu es ivre d'amour pour moi et nos balades dans mes palais sont une atmosphère de gloire parfaite où Dieu prend plaisir de nous voir nous aimer !

J'aime sentir ton roi dont je reçois parfaitement le message sur mon trône de grâce que je suis pour lui !

Il y a une harmonie parfaite entre ton roi et mon trône et tu m'aimes encore plus et davantage à chacune de nos retrouvailles !

Quand tu paies les brebis au Mont Horeb de moi, mon feu du buisson ardent exprime son ardeur lors de la visitation de ton serpent brûlant en moi et nous en sommes, toi et moi, pleinement satisfait à chaque fois que nous goutons ce ciel !

Il y a une parfaite harmonie entre toi et moi, et c'est pourquoi chaque jour qui passe (*dire son nom*), mon image s'enfoncent davantage dans ton esprit et tu es heureux de m'aimer !

(*Dire son nom*), tu es fou amoureux de moi et ton pieu sacret aime à demeurer dans mon arche de l'alliance et à chaque fois que tu t'y rendras dès ce jour ton amour pour moi sera infini !

(*Dire son nom*), tu aimes te rendre en moi et toi et moi formons l'Adam originel toutes les fois que ça arrive. Et nous manifestons la présence de Dieu !

(*Dire son nom*), tu m'aimes de plus en plus et tu es heureux de m'aimer et je suis contente d'être aimée (*le dire lentement avec joie et amour 7 fois de suite*) !

Recueil de Proclamations Prophétiques et d'Adoration(RPPA) vol. II

(*Dire son nom*), je parle à ton esprit et je te dis que tu m'aimes chaque jour un peu plus par la grâce du Dieu d'amour(*le dire lentement avec amour plusieurs fois de suite*) !

Je suis reconnaissante à Dieu qui, depuis le tréfonds de mon esprit, exauce ma prière !

Merci, merci, merci…

Recueil de Proclamations Prophétiques et d'Adoration(RPPA) vol. II

Seigneur, tourne-moi dans le bon sens...

Pour avoir la direction de Dieu

Pour faire de bons choix

Pour avoir du succès dans vos voies

Dieu est la lumière c'est-à-dire la Conscience et la Connaissance Infinies à laquelle rien n'échappe. Elle connait toute chose et est pour ainsi dire mieux placer pour vous renseigner sur vos choix pour que vous expérimentiez le bonheur et le succès. C'est la raison des lois et des principes qu'Elle a donné aux hommes, c'était, en effet, pour les tourner dans la bonne direction, pour leur garantir le bonheur et le succès comme il est écrit : « *On t'a fait connaître, ô homme, ce qui est bien; Et ce que l'Eternel demande de toi, C'est que tu pratiques la justice, Que tu aimes la miséricorde, Et que tu marches humblement avec ton Dieu* » (Michée 6/8), car «*Si tu obéis à la voix de l'Eternel, ton Dieu, en observant et en mettant en pratique tous ses commandements que je te prescris aujourd'hui, l'Eternel, ton Dieu, te donnera la supériorité sur toutes les nations de la terre* » (Deutéronome 28/1). Demander alors à Dieu la direction est une chose sûre pour vous parce ce que Sa direction est un précepte qui vous met sur la voie de la vie. Et laquelle vie vous ferra aboutir inéluctablement à la joie parfaite.

Il connait toutes les voies et Il sait où elles mènent toutes. Car c'est Lui qui les a créé le deuxième jour, (Genèse 1/7), [nous y reviendrons sur un prochain ouvrage]. Ainsi, puisqu'Il a la connaissance des voies, c'est pour cette raison qu'Il se propose en même temps de vous orienter dans le bon choix comme il est écrit en Deutéronome 30/19 : «*J'ai mis devant toi la Vie et la mort, choisis la Vie afin que tu vives !* » Comprenez, dès lors que, la direction que Dieu vous donne est la meilleure pour vous afin que le succès et la grâce viennent à vous promptement et que vous les expérimentiez dans votre vie. Car comprenez-le aussi, ce n'est pas vous qui allez vers les bénédictions, mais ce sont elles qui viennent à vous après avoir suivi les directives de Dieu comme il est dit : «*Voici toutes les bénédictions qui **viendront sur toi et t'atteindront, si tu obéis** à la voix [à la direction] de Yahweh, ton Dieu* ». (Deutéronome 28/2). La direction de Dieu est donc tout ce qu'il vous faut et cette proclamation va vous y aider afin de vous mettre en phase avec la direction de Dieu pour votre vie.

Pour la réussite de cette proclamation, vous devez vous mettre en phase avec la consigne qui va suivre. Elle est à la deuxième personne parce que je souhaite que vous vous sentiez directement concerné.

Consigne :

- **Assois-toi correctement droit et ferme les yeux. Inspire et expire de l'air longuement et lentement trois fois de suite**. C'est pour ramener tes pensées dispersées à se concentrer sur un seul objectif. **Car une mémoire ou une personne dispersée atteint difficilement ses objectifs**. La dispersion est une dépense d'énergie et la voie sûr de l'échec. (Luc 10 /41-42). Ne fais qu'une chose à la fois, ne poursuit qu'un but à la fois (1 Corinthiens 9/24). C'est le premier secret du succès et de la réussite.
- **Pense à ce que tu as et qui te fait du bien.** C'est une attitude de gratitude qui plaît à Dieu parce que ta reconnaissance le glorifie, et est honorable à son cœur (Psaume 50/23 ; Ephésiens 5/20 ; 1 Thessaloniciens 5/19). **Ta reconnaissance est une clé qui t'ouvre les portes de la grâce prochaine**. C'était le secret des victoires de David. Il était reconnaissant à Dieu pour les succès du passée et c'est pourquoi il en remportait d'autres. (1Samuel 17/33 ; 37 et 50). Ressens la joie et l'amour dans ton cœur et ne te limite pas seulement à un simple exercice mental, car c'est le ressenti qui déclenche le processus du miracle. Ressens la joie ! (1 Thessaloniciens 5/16). C'est le deuxième secret du succès et de la réussite.
- **Commence à bénir Dieu pour son amour pour toi. Remplis-toi des émotions agréables et ressens sa présence en toi et autour de toi** et ouvre progressivement les yeux.
- **Exécute la proclamation avec Foi, Amour et Force (FAF) pendant quinze (15) minutes** en t'appropriant les mots de ladite proclamation comme s'ils étaient de toi. Mais **si tu prends plusieurs proclamations à la fois, accorde dix (10) minutes à chacune d'elles**. Ne va pas vite et ne te précipite pas. Prends ton temps et tu ressentiras la présence de Dieu. Car ces

proclamations prophétiques sont des prières. Et **prier c'est faire l'amour avec Dieu.** Or, l'amour est patient et doux. Sois ainsi pendant cet exercice.

- Je te conseille d'**exécuter ces proclamations chaque matin très tôt avant de quitter le lit et chaque soir avant de t'en dormir.** Car ce sont les moments propices où l'esprit est plus disposé et ouvert. Mais c'est le mouvement de l'Esprit de Dieu qui doit davantage avoir ton intérêt que cet horaire que je te propose en vue de t'orienter.

N.B : *Cette consigne est valable pour toutes les proclamations de ce programme. Il faut nécessairement commencer par elle. Car elle te permet de te mettre en état de réception qui est cette attitude qui vient à toi via le silence et la méditation, parce que, rappelles-toi, Dieu est dans l'espace du silence et c'est à ce seul endroit que tu peux le rencontrer et rentrer en contact avec Lui.*

Toutefois, si tu prends plus d'une proclamation à la fois, la seule fois que tu exécutes la consigne est suffisante pour toute la séance.

Proclamation n°18

Je proclame que mon existence est le fruit d'une direction qui a abouti à sa maturité et qui a suscité ma manifestation physique !

Je proclame que la direction qui a dirigé mon esprit depuis le cœur de l'origine de Dieu continue son œuvre dans mon expérience humaine !

Je proclame dès lors que Dieu est ma sagesse. Il est ma connaissance et mon intelligence !

Je proclame que je réussirai car Dieu est ma direction !

J'entends la voix silencieuse de Dieu dans un écho de portée éternelle au fond mon esprit, et je la suis car je suis né pour être dirigé par cette voix Edénique !

Je proclame que les lois et les principes de Dieu sont inscrits dans mon esprit et donnent une direction aux choix de mon cœur et aux désirs de mon âme. Car c'est Dieu qui exprime Ses désirs à travers moi !

Recueil de Proclamations Prophétiques et d'Adoration(RPPA) vol. II

Je proclame que je vais y arriver et parvenir à bon port car Dieu est mon espérance et la Source de ma grâce. Il est mon guide et ma boussole !

Je proclame que Dieu est Celui qui me guide et j'arriverai dès aujourd'hui par Sa grâce au port de la gloire !

Dieu est la lampe de mon esprit. Il est l'œil intérieur qui éclaire ma pensée et qui me laisse voir ce que l'œil du corps ne peut percevoir !

Je proclame que je m'emplis du lait et du miel spirituel dans mon esprit et dans mon âme, et je tête à la mamelle de Dieu qui me grandit et affermit mes pas d'enfant !

Je proclame que Dieu me tourne dans la bonne direction comme une sage-femme tourne dans la bonne direction bébé à faire naitre !

Je proclame que je suis prêt à naitre car l'Esprit en moi, l'Esprit de Dieu, me tourne dans la bonne direction et je m'attends désormais à voir la lumière de ma bénédiction !

Mon esprit, ma foi, mes souvenirs, mes émotions et tout mon être sont tournés vers la bonne direction par la main de la glorieuse, infinie et souveraine sagesse qui règne en moi !

Mon système de pensées est désormais la manifestation de l'Intuition de Dieu en manifestation en moi !

Je proclame que j'entends la voix silencieuse de Dieu comme un tonnerre dans mon esprit et j'avance sans me poser de question dans la direction qu'Elle me recommande !

La souveraineté infinie conduit mes pas, Elle fend les mers rouges en face de moi, Elle me nourrit promptement dans le désert et je marche en toute confiance car je sais que Dieu m'amène à une adresse glorieuse !

Dieu me tient par la main et me conduit à la vie. Il ouvre mes yeux intérieurs et mes pas sont éclairés par Son amour !

Dieu me places en Lui car la voie que je veux suivre est en Lui et c'est Lui ma voie !

Recueil de Proclamations Prophétiques et d'Adoration(RPPA) vol. II

Dieu es la richesse que je veux et le trésor qui retient l'attention de mon cœur. Il est le secret qui me conduit au succès !

Je proclame, Dieu, que Tu es tout ce qu'il me faut et je m'abandonne à Toi car nul ne connait mieux la route que je dois suivre si ce n'est que Toi seul, le concepteur des voies !

Je proclame que Dieu dirige mes pas et mes pas sont Ses pas me conduisant à l'extension de Son Royaume qui commence avec Lui et se poursuit en moi et que je déploie autour de moi !

Je proclame que je désapprends pour réapprendre. Je proclame que je meurs dans la chair pour renaitre en esprit et je suis promptement la voie de Dieu en Esprit et en Vérité afin d'arriver au succès qui est ma destinée !

Je proclame, ô Dieu, déploie les talents que Tu as mis en moi pour changer l'atmosphère en moi et autour de moi pour repandre le parfum de mon idéal que Tu es, Toi Dieu !

Tu élargis mon cœur et Tu le gouvernes à Ta félicité car il est Ton Royaume en moi !

Le gouvernail céleste qui pilote mes pensées, mes sentiments, mes émotions et mon corps me conduit à l'endroit où ma vie prendra pleinement tout son sens !

Ainsi, je révoque la pluri-gouvernance de mon cœur. Car Dieu es ma seule source et Il m'est largement suffisant pour la direction de vie !

Je refuse la démocratisation de mon univers de pensées, car je me soumets avec joie et amour au système de pensées de Dieu pour vivre mon idéal !

Je projette mon expectative sur Toi, mon Dieu, parce que Tu es la gloire que je veux vivre et en Toi repose tous les secrets du véritable bonheur !

Je Te loue de toutes mes forces et de tout mon être car Tu me tournes vers la bonne direction que Tu es pour mes succès présents et avenir !

Merci, merci, merci…

Je suis reconnaissant...

Pour attirer de nouvelles bénédictions

Pour rendre grâce à Dieu pour un succès ou un ''revers''

Pour augmenter votre paix intérieures

Dieu dit, par la bouche de Paul, aux Thessaloniciens 5/18 : «*Rendez grâces en toutes choses, car c'est à votre égard la volonté de Dieu en Jésus-Christ*», car il y a une puissance dans la reconnaissance. En effet, la reconnaissance est le secret des nouvelles interventions de Dieu dans votre vie. Aussi, c'est le meilleur moyen pour vous de vous sentir bien et pleine de vie même lorsque tout va mal. Car la reconnaissance crée de bonnes pensées et par conséquent, de bonnes émotions et de bons sentiments. La reconnaissance vous mets en état de réception et ouvre des portes à de nouvelles bénédictions comme la reconnaissance d'une femme encourage son homme à lui faire plus de bien. Soyez reconnaissant, car elle est un puissant moyen pour vous amener de grandes choses dans votre vie. Tel est le cas de Paul qui écrivit le nouveau testament. Il dit aux Philippiens 4/11-13 : « *J'ai appris à être content de l'état où je me trouve. Je sais vivre dans l'humiliation, et je sais vivre dans l'abondance. En tout et partout j'ai appris à être rassasié et à avoir faim, à être dans l'abondance et à être dans la disette. Je puis tout par celui qui me fortifie.* » En effet, les personnes aux grandes destinées ont toujours fait montre de reconnaissance comme David qui s'écriait lui aussi au Psaume 139/13-14 : « *C'est toi qui as formé mes reins, qui m'as tissé dans le sein de ma mère. Je te loue de ce que je suis une créature si merveilleuse. Tes œuvres sont admirables, et mon âme le reconnaît bien.* » Ou Job, une grande figure de la Bible, qui rendait grâce même dans le deuil et les larmes : « *Je suis sorti nu du sein de ma mère, et nu je retournerai dans le sein de la terre. L'Éternel a donné, et l'Éternel a ôté ; que le nom de l'Éternel soit béni ! En tout cela, Job ne pécha point et n'attribua rien d'injuste à Dieu.* » (Job 1/21-22). Observez que la fin de toutes ces personnes éprises de gratitude envers Dieu avait eu une fin glorieuse. Car la gratitude de l'homme glorifie Dieu et Dieu amène dans Sa gloire celui qui l'honore.

Cette proclamation vous aidera donc à savoir rendre grâce à Dieu pour que Sa puissante manifestation ait lieu dans votre vie pour de nouvelles grâces.

Recueil de Proclamations Prophétiques et d'Adoration (RPPA) vol. II

Pour la réussite de cette proclamation, vous devez vous mettre en phase avec la consigne qui va suivre. Elle est à la deuxième personne parce que je souhaite que vous vous sentiez directement concerné.

Consigne :

- **Assois-toi correctement droit et ferme les yeux. Inspire et expire de l'air longuement et lentement trois fois de suite**. C'est pour ramener tes pensées dispersées à se concentrer sur un seul objectif. **Car une mémoire ou une personne dispersée atteint difficilement ses objectifs**. La dispersion est une dépense d'énergie et la voie sûr de l'échec. (Luc 10/41-42). Ne fais qu'une chose à la fois, ne poursuit qu'un but à la fois (1 Corinthiens 9/24). C'est le premier secret du succès et de la réussite.
- **Pense à ce que tu as et qui te fait du bien.** C'est une attitude de gratitude qui plaît à Dieu parce que ta reconnaissance le glorifie, et est honorable à son cœur (Psaume 50/23 ; Éphésiens 5/20 ; 1 Thessaloniciens 5/19). **Ta reconnaissance est une clé qui t'ouvre les portes de la grâce prochaine**. C'était le secret des victoires de David. Il était reconnaissant à Dieu pour les succès du passée et c'est pourquoi il en remportait d'autres. (1Samuel 17/33 ; 37 et 50). Ressens la joie et l'amour dans ton cœur et ne te limite pas seulement à un simple exercice mental, car c'est le ressenti qui déclenche le processus du miracle. Ressens la joie ! (1 Thessaloniciens 5/16). C'est le deuxième secret du succès et de la réussite.
- **Commence à bénir Dieu pour son amour pour toi. Remplis-toi des émotions agréables et ressens sa présence en toi et autour de toi** et ouvre progressivement les yeux.
- **Exécute la proclamation avec Foi, Amour et Force (FAF) pendant quinze (15) minutes** en t'appropriant les mots de ladite proclamation comme s'ils étaient de toi. Mais **si tu prends plusieurs proclamations à la fois, accorde dix (10) minutes à chacune d'elles**. Ne va pas vite et ne te précipite pas. Prends ton temps et tu ressentiras la présence de Dieu. Car ces proclamations prophétiques sont des prières. Et **prier c'est faire l'amour avec Dieu**. Or, l'amour est patient et doux. Sois ainsi pendant cet exercice.

- Je te conseille d'**exécuter ces proclamations chaque matin très tôt avant de quitter le lit et chaque soir avant de t'en dormir**. Car ce sont les moments propices où l'esprit est plus disposé et ouvert. Mais c'est le mouvement de l'Esprit de Dieu qui doit davantage avoir ton intérêt que cet horaire que je te propose en vue de t'orienter.

N.B : *Cette consigne est valable pour toutes les proclamations de ce programme. Il faut nécessairement commencer par elle. Car elle te permet de te mettre en état de réception qui est cette attitude qui vient à toi via le silence et la méditation, parce que, rappelles-toi, Dieu est dans l'espace du silence et c'est à ce seul endroit que tu peux le rencontrer et rentrer en contact avec Lui.*

Toutefois, si tu prends plus d'une proclamation à la fois, la seule fois que tu exécutes la consigne est suffisante pour toute la séance.

Proclamation n°19

Je proclame que les flux de gratitudes inondent mon cœur. Car je suis plein de reconnaissance en Dieu pour ma vie et Ses bienfaits dans ma vie !

Je proclame que je suis débordant de joie parce que je suis qui je suis et que je sois né de mes parents et sur cette terre !

Je suis reconnaissant pour mes parents et je m'emplis d'un sentiment de bien-être quand je pense à ceux qui sont mes parents !

Je suis reconnaissant à Dieu pour ma condition sociale quelle qu'elle soit. Car le plus important pour moi est que JE SUIS, et il n'y a rien de tel !

Je suis reconnaissant pour mon apparence physique, ma couleur de peau, mon pays. Je suis reconnaissant à Dieu d'être arriver dans ce monde à l'endroit où je suis né !

Je suis reconnaissant pour le mouvement que je fais dans la vie et pour les épreuves qui ont servi à m'affermir

Recueil de Proclamations Prophétiques et d'Adoration(RPPA) vol. II

Je sors de l'inconnu et je marche désormais vers une destinée par pure grâce. J'ai quittée l'indigence et me suis assis à la table des rois !

J'étais parmi ceux qui couraient pour courir. Désormais je cours pour remporter le prix et je suis en tête du pelleton pour remporter le prix de la promesse éternelle !

Car Dieu m'a touché d'un nouveau touché et a restauré Sa seigneurie dans les trois(3) cieux de mon être et Il plane et se meut au-dessus d'eux, tout en m'assurant le succès, la réussite et le bonheur !

Je suis reconnaissant parce que je ne suis plus celui qui court après les bénédictions. Car, désormais, ce sont des bénédictions qui courent après moi, où que j'aille et quoique je fasse !

Je suis reconnaissant car Dieu m'a amené à la cours du Royaume et m'a revêtu d'un lin royal et m'a confié un domaine de compétence et d'excellence qui est la partie du Royaume où je suis investi roi dans la présence du Rois des rois, Yeshua Ha Mashia !

Je suis reconnaissant à Dieu pour la santé parfaite qui circule en moi et par laquelle je lis Sa grâce infinie et Son éternel envie de toujours m'offrir le meilleur !

Je suis pleinement reconnaissant en Dieu qui vit en moi car Il a changé mes insuffisances en atout, mes infirmités en validités et mes humiliations en miracles !

Je suis ému de reconnaissance car Dieu étonne le monde à mon sujet, à cause des merveilles qu'Il opère dans ma vie, et je reconnais que beaucoup d'autres choses splendidement émouvantes sont sur le point de s'abattre sur ma vie !

Je suis reconnaissant car ma vie est l'expression de la puissance de la Toute-puissance infinie de Dieu en manifestation !

Je confesse que j'ai l'âme tranquille car je m'attends à Dieu et Il viendra encore à moi me faire du bien au-delà même de mes espérances, car Il est fidèle et opère jusqu'à l'infini !

J'ai l'âme tranquille et l'esprit extasié car je sais que Dieu qui règne dans mon tréfonds me satisfait avant même que je n'exprime mon besoin !

Recueil de Proclamations Prophétiques et d'Adoration(RPPA) vol. II

Je proclame que je suis une destination de miracles inattendus car Dieu investit sur ma vie pour que j'expérimente la joie parfaite !

Je proclame que Dieu se tient aux portes de mon âme et son rôle est de me satisfaire pleinement. Car Il m'a créé pour être heureux et je Lui suis reconnaissant dans mon cœur et dans ma vie, et je focalise mon expectative sur Lui !

Tout mon être est ébloui de reconnaissance en Dieu qui m'a fait être en Lui pour exister en ce monde !

Je proclame que je n'ai pas le temps de me plaindre parce que la grâce de Dieu surabonde dans ma vie !

Je refuse de prêter ma précieuse attention à ce qui ambitionne me rendre mal dans mon âme. Car la grâce de Dieu m'est largement suffisante et j'y garde là-dessus, toutes les forces de mon esprit et de mon âme ivre de gratitude en Dieu !

Je suis reconnaissant en Dieu pour qui je suis, je suis reconnaissant pour ma vie, pour les choses qui me sont arrivées et pour l'endroit où je me trouve actuellement !

Je Te bénis Esprit Source, Toi qui vis à la Source de mon esprit pour la pleine conscience que je suis et pour les expériences de vie qui viennent à moi. Car toutes me rapprochent de Toi pour voir Ta face !

Je suis heureux et reconnaissant pour ma famille et pour le rend que j'occupe au milieu des miens. Car je sais que je suis né pour en être le soleil autour du quel gravitent tous les autres astres !

Je suis reconnaissant pour ce jour unique et plein de vie. Je suis reconnaissant pour toutes les fois que je suis sorti de la maladie et je suis ému en Dieu pour ma santé parfaite qui ne faillit point !

Je suis reconnaissant pour mes succès et je te rends grâce pour mes échecs car à travers eux, j'ai accédé à la connaissance des choses que je ne connaissais pas et la lumière s'est accrue en moi !

Dieu veille sur la paix de mon âme et sur l'illumination de mon esprit car j'existe pour exprimer le caractère de son Royaume !

Recueil de Proclamations Prophétiques et d'Adoration(RPPA) vol. II

Je T'adresse ma gratitude profonde et je décrète un temps éternel de concert dans le siège de mes pensées dès ce jour, jusqu'à mon retours dans la Source matrice du JE SUIS que je suis en manifestation humaine !

Je proclame que je suis reconnaissant pour tout !

Merci, merci, merci…

Couple en crise qui veut se réconcilier

Pour la réconciliation d'un couple au bord de la rupture

Pour ramener à vous votre conjoint(e)

En Éphésiens 5/21-27, il est écrit : « ***Soyez soumis les uns aux autres*** *dans la crainte du Christ.* ***Que les femmes le soient à leurs maris*** *comme au Seigneur : en effet, le mari est chef de sa femme, comme le Christ est chef de l'Église, lui le sauveur du Corps ; or l'Église se soumet au Christ ; les femmes doivent donc, et de la même manière, se soumettre en tout à leurs maris.* ***Maris, aimez vos femmes*** *comme le Christ a aimé l'Église : il s'est livré pour elle, afin de la sanctifier en la purifiant par le bain d'eau qu'une parole accompagne ; car il voulait se la présenter à lui-même toute resplendissante, sans tache ni ride ni rien de tel, mais sainte et immaculée.* » A partir de ce passage, je voudrais vous laisser entendre que la plus part des ruptures ne sont pas souvent dues à un manque d'amour, mais à un manque de soumission en amour envers leurs femmes, pour les hommes, et à un manque de soumission en obéissance envers leurs maris, pour les femmes. En effet, beaucoup de couples sont souvent en crise car chacun des partenaires ne sait pas très exactement ce qu'il doit offrir à l'autre partenaire pour que la sérénité soit le partage du foyer. Souvent chacun des conjoints a envie de donner à l'autre exactement ce qu'il attend recevoir de lui. Ainsi, les hommes ont très souvent envie de respecter leurs épouses et les femmes veulent souvent aimer leurs époux. Ils cherchent, chacun, à donner à l'autre ce qu'il/elle attend lui/elle-même recevoir, mais ne sachant pas que chacun d'eux a des besoins primaires différents l'un de l'autre. En effet, le besoin primaire d'un homme est, non pas de se sentir aimé, mais de se sentir respecter car il a reçu le don de l'autorité. La femme, quant à elle, veut se sentir primordialement aimée, et non respectée qui est un fait dépourvu de toute sensualité et érotisme, car la femme a reçu le don de la douceur et de la tendresse.

C'est donc pour ces raisons que je viens de vous expliquer, que Dieu dit aux femmes, soyez soumises à vos maris, et aux hommes, aimez vos femmes. Car le respect de ces principes est à la base de toute paix dans un foyer parce que chacun des partenaires se sentira comblés dans son univers à lui. Ainsi, sachez, mesdames,

Recueil de Proclamations Prophétiques et d'Adoration(RPPA) vol. II

qu'un homme qui sent son autorité menacée vous quittera pour aller vers une femme qui lui garantit ce besoin vital de se sentir honoré. Et vous messieurs, sachez qu'une femme qui ne se sent pas aimée ira échouer dans les bras d'un homme qui saura la célébrer. C'est pourquoi, « [...] *en ce qui vous concerne, que chacun aime sa femme comme soi-même, et que la femme révère son mari.* »(Éphésiens 5/33). Observez ce principe que je vous expose ici et vous le/la verrez se presser de revenir à vous.

Aussi sachez que votre partenaire et vous, vous formez une même chair c'est-à-dire une seule humanité. Dans Galates 5/16 il est écrit : « *Je dis donc : Marchez selon l'Esprit, et vous n'accomplirez pas les désirs de la chair.* » Cela voudrait dire qu'en opérant dans votre nature spirituelle, vous avez la capacité de dominer sur votre chair et par époché, sur celle de votre partenaire. Car c'est aussi votre chair, mais en extension. Ainsi, si vous commandez à votre propre chair de vous revenir ou de se soumettre à vous, dans le respect des principes de Dieu, retenez qu'elle le ferait. Car l'esprit est le maître de l'âme et l'âme est le maître du corps. De ce fait, les ordres que vous donnez à votre âme, le corps les exécute. C'est ainsi pour cette raison que David pouvait dire à son âme : «*Mon âme, bénis l'Eternel, Et n'oublie aucun de ses bienfaits!* » (Psaume 103/2), et que son corps pouvait danser à cette occasion : « *Comme l'arche de l'alliance de l'Eternel entrait dans la cité de David, Mical, fille de Saül, regardait par la fenêtre, et voyant le roi David sauter et danser, elle le méprisa dans son cœur.*» (1 Chroniques 15/29).

Cette proclamation vous aidera, en conséquence, à conquérir de nouveau les sentiments et le corps de votre conjoint(e) grâce à votre proclamation.

Pour la réussite de cette proclamation, vous devez vous mettre en phase avec la consigne qui va suivre. Elle est à la deuxième personne parce que je souhaite que vous vous sentiez directement concerné.

Consigne :

- **Assois-toi correctement droit et ferme les yeux. Inspire et expire de l'air longuement et lentement trois fois de suite.** C'est pour ramener tes pensées dispersées à se concentrer sur un seul objectif. **Car une mémoire**

ou une personne dispersée atteint difficilement ses objectifs. La dispersion est une dépense d'énergie et la voie sûr de l'échec. (Luc 10 /41-42). Ne fais qu'une chose à la fois, ne poursuit qu'un but à la fois (1 Corinthiens 9/24). C'est le premier secret du succès et de la réussite.
- **Pense à ce que tu as et qui te fait du bien.** C'est une attitude de gratitude qui plaît à Dieu parce que ta reconnaissance le glorifie, et est honorable à son cœur (Psaume 50/23 ; Ephésiens 5/20 ; 1 Thessaloniciens 5/19). **Ta reconnaissance est une clé qui t'ouvre les portes de la grâce prochaine.** C'était le secret des victoires de David. Il était reconnaissant à Dieu pour les succès du passée et c'est pourquoi il en remportait d'autres. (1Samuel 17/33 ; 37 et 50). Ressens la joie et l'amour dans ton cœur et ne te limite pas seulement à un simple exercice mental, car c'est le ressenti qui déclenche le processus du miracle. Ressens la joie ! (1 Thessaloniciens 5/16). C'est le deuxième secret du succès et de la réussite.
- **Commence à bénir Dieu pour son amour pour toi. Remplis-toi des émotions agréables et ressens sa présence en toi et autour de toi** et ouvre progressivement les yeux.
- **Exécute la proclamation avec Foi, Amour et Force (FAF) pendant quinze (15) minutes** en t'appropriant les mots de ladite proclamation comme s'ils étaient de toi. Mais **si tu prends plusieurs proclamations à la fois, accorde dix (10) minutes à chacune d'elles**. Ne va pas vite et ne te précipite pas. Prends ton temps et tu ressentiras la présence de Dieu. Car ces proclamations prophétiques sont des prières. Et **prier c'est faire l'amour avec Dieu**. Or, l'amour est patient et doux. Sois ainsi pendant cet exercice.
- Je te conseille d'**exécuter ces proclamations chaque matin très tôt avant de quitter le lit et chaque soir avant de t'en dormir.** Car ce sont les moments propices où l'esprit est plus disposé et ouvert. Mais c'est le mouvement de l'Esprit de Dieu qui doit davantage avoir ton intérêt que cet horaire que je te propose en vue de t'orienter.

N.B : *Cette consigne est valable pour toutes les proclamations de ce programme. Il faut nécessairement commencer par elle. Car elle te permet de te mettre en état de réception qui est cette attitude qui vient à toi via le silence et la méditation, parce que, rappelles-toi, Dieu est dans l'espace du silence et*

Recueil de Proclamations Prophétiques et d'Adoration(RPPA) vol. II

c'est à ce seul endroit que tu peux le rencontrer et rentrer en contact avec Lui.

Toutefois, si tu prends plus d'une proclamation à la fois, la seule fois que tu exécutes la consigne est suffisante pour toute la séance.

Proclamation n°20

Je suis reconnaissant à Dieu qui vit et règne en moi pour la vie et l'amour qu'Il déverse dans mon cœur !

Je proclame que je suis en paix avec moi-même et avec Dieu. Je confesse que je suis en phase avec l'Esprit Source qui vit au commencement de mon tréfonds et qui me donne satisfaction sur toutes mes requêtes !

Nous sommes reconnaissants en Dieu car Il est le maitre du temps et des circonstances !

Et nous savons que rien n'est fini tant que Dieu n'a pas Lui-même décidé la fin d'une chose parce qu'Il est le commencement et la fin. Et nul ne peut se prévaloir de Son Omniprésence, de Son Omniscience, et de Son Omnipotence !

Nous proclamons, sur ce, que notre couple renait de ses cendre et se pose sur des fondamentaux puissants et solide tout comme la terre repose sur celle d'une civilisation passé. Et ces fondamentaux qui régissent notre couple ressuscité sont en Dieu Lui-même qui nous ouvre les portes du parfait et du plein amour au nom de Yeshua Ha Mashia !

Nous proclamons que les défauts de l'un et l'autre deviennent une raison de plus de nous aimer encore plus et davantage. Car les différences sont une richesse et nous voyons l'imagination infinie Dieu dans ces diversités et entendons Sa voix nous parler dans nos différences !

Ainsi, nous enchainons notre ignorance et nos maladresses qui voulaient nous faire croire que nos différences sont un frein à notre bonheur et nous les précipitons dans les profondeurs des abimes sans fond !

Recueil de Proclamations Prophétiques et d'Adoration(RPPA) vol. II

Nous refusons de prendre position pour le diable qui nous embrigadait dans notre orgueil et qui nous interdisait de nous soumettre l'un à l'autre. Nous résistons au diable qui souhaite briser le premier maillon social qu'est la famille pour mieux perdre la descendance de l'Homme !

Aujourd'hui, nous prenons part au festin de l'humilité et nous venons l'un vers l'autre avec beaucoup d'amour, d'empressement et de disponibilité de cœur !

Nous ordonnons à nos âmes et à nos corps d'appartenir à l'un et à l'autre par les vertus du Saint Esprit qui agit et opère en nous !

Désormais, le Mont Horeb aura la joie d'accueillir, dans une harmonie parfaite, le serpent brûlant et Dieu, dans Sa puissance infinie, se rendra toujours présent dans cette surface herbeillée !

Nous nous satisfaisons mutuellement en tout et pour tout car l'esprit de Dieu en nous, nous rend désormais complice et nous fait nous voir l'un et l'autre comme des miracles et des pures merveilles de Dieu en exposition dans la chair !

Nous arrêtons de nous plaindre l'un de l'autre. Car Dieu nous ouvre les yeux et nous laisse désormais percevoir au-delà des formes, l'être exceptionnel et unique qu'est l'autre partenaire, et nous rendons continuellement grâce et gloire à l'Architecte de nos êtres parfaitement constitués !

Désormais, nous nous donnerons mutuellement et primordialement les besoins de l'un et de l'autre et nous le ferons avec joie, amour et action de grâce. Car nous sommes reconnaissant à Dieu qui nous a donné la capacité d'éprouver les mêmes sentiments que Lui l'un envers l'autre !

Aujourd'hui, nous proclamons que c'est un jour de réconciliation avec Dieu comme notre témoin et notre réconciliateur, et nous nous attirons mutuellement. Car nos deux corps n'en sont qu'un seul !

Nous nous réclamons mutuellement et nous proclamons que nos corps s'unissent à nouveau. Nous proclamons que nos âmes s'aiment et qu'il règne une parfaite harmonie dans notre couple à partir de cet instant. Car nous fermons la porte aux petits renards qui dévorent les vignes d'amour !

Recueil de Proclamations Prophétiques et d'Adoration(RPPA) vol. II

Nous sommes indivisibles car c'est Dieu qui nous a unis dans Sa présence et par Son amour, et Il nous a fait nous aimer en nous accordant, pour l'un, la soumission, et pour l'autre, l'amour et la tendresse !

Nous maudissons, de ce fait, tous les renards et nous proclamons le plein amour dans nos cœurs et en notre couple à la gloire de Dieu et pour notre joie parfaite !

Nous maudissons la malédiction de la mort d'un amour vrai et profond, et nous proclamation la manifestation glorieuse de Dieu dans la restauration et la guérison de notre foyer et la résurrection de notre amour !

A partir d'aujourd'hui, nous confessons que nous brulons d'amour et sommes tous les deux enflammés de ce beau sentiment l'un pour l'autre !

Nos corps s'aiment d'un amour éros, nos âmes s'aiment d'un amour philéo et nos esprits s'amourachent dans l'agapè de Dieu !

Nous maudissons tous les figuiers stériles et rebelles se nourrissant vainement des minéraux de notre amour !

Nous proclamons la mort, depuis la racine jusqu'au feuillage, du figuier de l'insatisfaction et de la frustration, de l'inconstance, de l'incompréhension et de tous les mots contraires au plan parfait de Dieu en nous pour nos vies !

Nous proclamons que nous devenons à partir d'aujourd'hui, de bons époux où l'épouse reçoit toute l'affection dont elle a besoin pour s'épanouir, et où l'époux reçoit toute la révérence dont il a besoin pour ressentir son autorité reconsidérée pour son affirmation de lui-même !

Nous proclamons le bonheur et la joie dans notre couple. Nous proclamons la vie et la résurrection de l'amour profond dans nos cœurs l'un envers l'autre. Nous nous rappelons de notre premier amour et nous nous rappelons de là où nous sommes tombés pour ne plus y retomber !

La flamme ardente du Saint Esprit encercle notre amour et notre couple. Elle consume tous les projets de Satan de nous voir séparés à cause de nos erreurs mutuelles. Et nous soufflons sur tous les foyers de la terre cette puissance qui n'est autre que Dieu Lui-même, et nous prophétisons la paix dans tous les foyers de la terre à la gloire de Dieu, notre père, le fondateur du mariage !

Recueil de Proclamations Prophétiques et d'Adoration(RPPA) vol. II

Nous avons nos cœurs remplis de satisfaction, de paix éternelle et de gratitude ineffable. Car le Dieu d'amour qui nous avait fait grâce de tomber amoureux nous accorde l'exaucement de notre proclamation à partir de cet instant !

Merci, merci, merci…

Recueil de Proclamations Prophétiques et d'Adoration(RPPA) vol. II

Mon âme s'attend à Dieu

Pour projeter votre expectative sur Dieu dans le but de ne vous attendre qu'au positif

Pour obliger votre âme à être dans une bonne fréquence de foi

Savez-vous que vos pensées créent vos croyances, que vos croyances créent votre attitude, que votre attitude crée vos sentiments, que vos sentiments créent vos actions et que vos actions créent votre destinée ? Je voudrais, dès lors, vous poser la question de savoir sur quoi repose votre attention. A quoi pensez-vous le plus ? Sachez que vous n'avez à vous attendre à rien d'autre qu'à cette chose-là. Je vous l'ai, en effet, dit tout au long de ce programme que ce que vous regardez vous regarde avec la même intensité que vous. Effectivement, de la même façon que la personne à laquelle vous pensez, soit vous appelle, soit vous la croisez sur votre chemin ou voyez quelqu'un qui vous parle d'elle, c'est de cette même manière que vous tomberez inéluctablement sur ce qui captive vos pensées. Comprenez ainsi, et à juste titre, que ce ne sont pas vos prières, ou vos paroles prononcées, qui sont ce à quoi Dieu prête attention. Il se fie à vos sentiments et à vos émotions parce que la prière consiste à une élévation de son âme à l'Eternel comme on y lit : « *Réjouis l'âme de ton serviteur, Car à toi, Seigneur, j'élève mon âme.* » (Psaume 86/4).

En plus de vos sentiments et de vos émotions, Dieu s'attend, [et même en premier], à ce que l'Esprit soit au cœur de votre prière comme il est écrit : « *Faites en tout temps par l'Esprit toutes sortes de prières et de supplications...* » (Ephésiens 6/18). Car c'est dans l'Esprit que vit la foi au sujet duquel il est dit : « *La prière de la foi sauvera le malade, et le Seigneur le relèvera; et s'il a commis des péchés, il lui sera pardonné...* » (Jacques 5/15). Ainsi, Dieu regarde à la nature de votre état d'esprit c'est-à-dire à la nature des images que vous voyez en vous, comme à vos émotions et vos sentiments. Pourquoi cela ? Tout simplement parce que la nature de vos images intérieures révèle ce en quoi vous croyez. Car la foi n'est pas aveugle, elle voit l'invisible, lequel invisible est appelé à se manifester dans votre expérience physique. Il est écrit à ce propos des choses invisibles, ceci : « *parce que nous regardons, non point aux choses visibles, mais à celles qui sont invisibles; car les choses visibles sont passagères, et les invisibles sont éternelles.* » (2 Corinthiens 4/18). Les choses invisibles que vous pouvez regarder se trouve dans votre esprit ; ce sont vos pensées imagées en vous et qui indique ce en quoi vous croyez. «*Or la foi rend présentes les choses qu'on espère...* » (Hébreux 11/1, Martin Bible). Ainsi, vous ne pourrez rien obtenir d'autre que ce que vous visualisez, et c'est pour cette raison qu'il vous sera toujours fait selon ce que vous croyez comme il est écrit : « *Alors il leur toucha les yeux en disant : **Qu'il vous soit fait selon votre foi**.*» (Matthieu 9/29). Qui vous devenez ne dépend donc pas de Dieu, mais de ce que vous croyez ou que vous acceptez de croire que vous êtes c'est-à-dire de ce sur quoi vous projetez votre expectative.

Cette proclamation va vous aider, à cet égard, à orienter et à garder votre attention sur la seule personne de Dieu dans toutes les situations pour votre vie, afin de positiver votre foi et ainsi changer ou améliorer la nature des choses que vous attirerez à vous à partir de maintenant.

Pour la réussite de cette proclamation, vous devez vous mettre en phase avec la consigne qui va suivre. Elle est à la deuxième personne parce que je souhaite que vous vous sentiez directement concerné.

Consigne :

- **Assois-toi correctement droit et ferme les yeux. Inspire et expire de l'air longuement et lentement trois fois de suite.** C'est pour ramener tes pensées dispersées à se concentrer sur un seul objectif. **Car une mémoire ou une personne dispersée atteint difficilement ses objectifs**. La dispersion est une dépense d'énergie et la voie sûr de l'échec. (Luc 10 /41-42). Ne fais qu'une chose à la fois, ne poursuit qu'un but à la fois (1 Corinthiens 9/24). C'est le premier secret du succès et de la réussite.
- **Pense à ce que tu as et qui te fait du bien.** C'est une attitude de gratitude qui plaît à Dieu parce que ta reconnaissance le glorifie, et est honorable à son cœur (Psaume 50/23 ; Ephésiens 5/20 ; 1 Thessaloniciens 5/19). **Ta reconnaissance est une clé qui t'ouvre les portes de la grâce prochaine.** C'était le secret des victoires de David. Il était reconnaissant à Dieu pour les

succès du passée et c'est pourquoi il en remportait d'autres. (1Samuel 17/33 ; 37 et 50). Ressens la joie et l'amour dans ton cœur et ne te limite pas seulement à un simple exercice mental, car c'est le ressenti qui déclenche le processus du miracle. Ressens la joie ! (1 Thessaloniciens 5/16). C'est le deuxième secret du succès et de la réussite.

- **Commence à bénir Dieu pour son amour pour toi. Remplis-toi des émotions agréables et ressens sa présence en toi et autour de toi** et ouvre progressivement les yeux.
- **Exécute la proclamation avec Foi, Amour et Force (FAF) pendant quinze (15) minutes** en t'appropriant les mots de ladite proclamation comme s'ils étaient de toi. Mais **si tu prends plusieurs proclamations à la fois, accorde dix (10) minutes à chacune d'elles**. Ne va pas vite et ne te précipite pas. Prends ton temps et tu ressentiras la présence de Dieu. Car ces proclamations prophétiques sont des prières. Et **prier c'est faire l'amour avec Dieu**. Or, l'amour est patient et doux. Sois ainsi pendant cet exercice.
- Je te conseille d'**exécuter ces proclamations chaque matin très tôt avant de quitter le lit et chaque soir avant de t'en dormir.** Car ce sont les moments propices où l'esprit est plus disposé et ouvert. Mais c'est le mouvement de l'Esprit de Dieu qui doit davantage avoir ton intérêt que cet horaire que je te propose en vue de t'orienter.

N.B : *Cette consigne est valable pour toutes les proclamations de ce programme. Il faut nécessairement commencer par elle. Car elle te permet de te mettre en état de réception qui est cette attitude qui vient à toi via le silence et la méditation, parce que, rappelles-toi, Dieu est dans l'espace du silence et c'est à ce seul endroit que tu peux le rencontrer et rentrer en contact avec Lui.*

Toutefois, si tu prends plus d'une proclamation à la fois, la seule fois que tu exécutes la consigne est suffisante pour toute la séance.

Proclamation n°21

Je proclame que le Seigneur de l'existence est le Dieu de ma vie !

Recueil de Proclamations Prophétiques et d'Adoration(RPPA) vol. II

Je proclame que mon espérance est en Dieu, le Seigneur de mon existence. Car c'est Lui qui me fera encore du bien par Sa grâce aujourd'hui !

Je déclare qu'en mon esprit, n'y circulent que des images de foi, de succès, de réussite, d'épanouissement et de joie parfaite en Dieu qui est le maitre de ma vie et qui la conduit à la vie éternelle dès maintenant ici-bas !

Je déclare que Dieu est toujours à mes côtés et je ne suis jamais abandonné à moi-même. Car Il m'a créé pour être heureux et pour Lui faire plaisir. J'existe ainsi pour la joie du cœur de Dieu et pour faire la merveilleuse expérience de Dieu dans la chair !

Je proclame que je jubile sur la surface de la terre à la gloire de Dieu et je vais de grâce en grâce et de merveille en merveille. Car le seul besoin de Dieu est de me bénir encore et toujours pour que je sois dans la chair ce qu'Il est dans l'éternité de l'invisible !

C'est pour cette raison de l'amour infini de Dieu à mon endroit que je relève la tête et sèche mes larmes, car je sais que le Dieu dont le seul besoin, entant qu'Etre accomplit, est de me voir heureux, va encore merveilleusement me surprendre aujourd'hui par Sa grâce dans Sa puissance de gloire !

Je confesse que je suis né pour être heureux c'est pourquoi je m'attends à la Source de mon bonheur pour que le ridicule devienne un miracle !

Je proclame que le Ciel est présentement rassemblé autour de mon nom et Dieu est en réunion avec Dieu pour mon repositionnement !

Je proclame que la milice céleste est en alerte parce que Dieu s'est levé pour mon âme car la révision de ma mentalité et de mon positionnement est d'actualité pour ma nouvelle bénédiction !

J'ordonne à mon âme de relever la tête et à mon esprit de se plonger dans ses fondements en l'Esprit Source, Dieu, parce que l'heure de l'apitoiement est révolue. Dieu est en provenance du Ciel dans les profondeurs de mon être pour me mener à une nouvelle adresse de bénédiction infinie !

Recueil de Proclamations Prophétiques et d'Adoration(RPPA) vol. II

Dieu qui a permis la décomposition de Lazare pour sa recomposition au quatrième jour recompose actuellement tout ce qui était décomposé en moi et la vie Zoé de la Source Infinie de vie coule en tout lieu de mon être !

Je renonce par la puissance du Saint Esprit, à laisser une ombre d'espace à Satan dans mon âme pour m'occuper le temps avec l'amertume, le deuil et les larmes. Je renonce à laisser les soucis me hanter car ce qui m'attend est bien plus important et merveilleux que ce que j'ai vécu et subi !

Ainsi, je proclame que mon âme est tranquille et paisible, et elle s'attend à Dieu. Car Dieu lui fera encore beaucoup de bien aujourd'hui !

Je déclare que tous les quartiers de mon âme sont en ébullition, et mes émotions sourient à mes sentiments, et mes pensées sanctifient mon identité car je pense avec l'Esprit de Dieu !

Je proclame que je me sens bien parce que Dieu est en œuvre pour mon cas, et Il va encore étonner le monde à mon propos à partir aujourd'hui !

Je proclame que je suis comblé et je m'attends à Dieu qui me fait gouter l'éternité grâce à Son action dans ma vie. Je laisse l'huile de mon esprit alimenter la lampe qui brille en mon cœur car je suis une vierge sage en attente de l'époux !

Je proclame que Dieu m'aime et que je suis Son centre d'intérêt. S'Il pouvait dormir, Il m'amènerait dans Son sommeil pour ne jamais me quitter des yeux car je suis hors valeur et j'occupe tout Son cœur de Dieu !

Je proclame que je suis l'investissement et le bénéfice des capitaux de Dieu, je suis ce qui Lui donne raison d'avoir investi en l'homme !

Je projette toute mon attention sur la personne de Dieu et je sais qu'Il viendra à moi parce qu'Il est en moi, et parce qu'Il est la dévotion de mon cœur ; Il est tout ce que je veux voir m'arriver !

Je m'attends à Dieu car Il est celui qui dissipe les ténèbres dans tous les secteurs de ma vie resté jusque-là aux commandes du noir de l'inconnaissance !

Mon âme s'attend à Dieu, Il arrive et Il est déjà là par Sa grâce !

Recueil de Proclamations Prophétiques et d'Adoration(RPPA) vol. II

Je confesse qu'au fond de mon esprit, je vois l'Esprit de Dieu. Je le regarde et Il me regarde autant !

Je proclame que je garde mes pensées sur tout ce que je veux voir se manifester dans ma vie au nom de Yeshua Ha Mashia !

Je pense à la vie, à l'amour, à la joie, à la paix, au bonheur et je suis un centre magnétique de bonnes émotions qui, en retour, m'amènent d'expérimenter Dieu en forme de bénédictions dans ma vie !

Je renonce aux plaintes. Je renonce à continuellement voir le verre à moitié vide. Je renonce à toute attitude qui voudrait me tirer vers le bas !

Je proclame que je m'attends à quelque chose de bien !

Je proclame que je m'attends à Dieu !

Je proclame que je m'attends à la vie !

Je proclame que je m'attends à des avalanches de miracles époustouflants dans tous les secteurs de ma vie !

Je suis reconnaissant à la Source de ma vie qui manifeste Son amour incommensurable à mon endroit en me faisant la grâce d'expérimenter la joie, la paix, l'amour et le sourire !

Merci, merci, merci...

Recueil de Proclamations Prophétiques et d'Adoration(RPPA) vol. II

Tu es tout ce que je désire

Sachez que Dieu aime se rendre désirable. Il aime quand on prête attention à Lui, (c'est de Lui que les femmes tiennent ce caractère). C'est pour cette raison que Dieu ne peut pas s'auto inviter dans votre vie. Il veut que vous fassiez attention à Lui, que vous Lui manifestiez l'intérêt que vous portez pour Lui pour qu'Il s'arrête pour vous parce que vous ne saurez laisser venir chez vous qu'une personne pour qui vous témoignez de l'attention et de l'importance. Ce fut le cas de Zachée comme il est écrit : « *Il cherchait à voir qui était Jésus, mais il n'y arrivait pas à cause de la foule, car il était de petite taille. Il courut donc en avant et grimpa sur un sycomore pour voir Jésus qui devait passer par là. Arrivé à cet endroit, Jésus leva les yeux et l'interpella : «Zachée, descends vite : aujourd'hui il faut que j'aille demeurer chez toi.» Vite, il descendit, et reçut Jésus avec joie [....] Alors Jésus dit à son sujet : «Aujourd'hui, le salut est arrivé pour cette maison, car lui aussi est un fils d'Abraham.»* (Luc 19/3-6&9). Il avait tenu coute que coute à voir Jésus et il se distingua de tous en grimpant au-dessus d'un arbre pour voir le Christ. Et constatez que la grande envie de Zachée de voir Jésus le valut l'invitation de Jésus dans sa maison c'est-à-dire dans sa vie. Cela voudrait dire que lorsque vous montrez à Dieu que vous avez de l'intérêt pour Lui, Il passera exactement à l'endroit où vous vous situer et entrera dans votre vie et la transformera par Sa présence. Quand vous prêtez attention à Dieu et Lui manifestiez de l'intérêt, Il agira autant avec vous, qu'importe qui vous êtes. Il *«lèvera les yeux»* à l'endroit où vous êtes suspendu pour vous inviter à venir dîner avec Lui chez vous.

Cette proclamation vous aidera à porter vos désirs davantage vers la personne de Dieu pour que vous expérimentiez Sa grâce dans votre vie.

Pour la réussite de cette proclamation, vous devez vous mettre en phase avec la consigne qui va suivre. Elle est à la deuxième personne parce que je souhaite que vous vous sentiez directement concerné.

Consigne :

- **Assois-toi correctement droit et ferme les yeux. Inspire et expire de l'air longuement et lentement trois fois de suite.** C'est pour ramener tes pensées dispersées à se concentrer sur un seul objectif. **Car une mémoire ou une personne dispersée atteint difficilement ses objectifs**. La dispersion est une dépense d'énergie et la voie sûr de l'échec. (Luc 10 /41-42). Ne fais qu'une chose à la fois, ne poursuit qu'un but à la fois (1 Corinthiens 9/24). C'est le premier secret du succès et de la réussite.

- **Pense à ce que tu as et qui te fait du bien.** C'est une attitude de gratitude qui plaît à Dieu parce que ta reconnaissance le glorifie, et est honorable à son cœur (Psaume 50/23 ; Éphésiens 5/20 ; 1 Thessaloniciens 5/19). **Ta reconnaissance est une clé qui t'ouvre les portes de la grâce prochaine**. C'était le secret des victoires de David. Il était reconnaissant à Dieu pour les succès du passée et c'est pourquoi il en remportait d'autres. (1Samuel 17/33 ; 37 et 50). Ressens la joie et l'amour dans ton cœur et ne te limite pas seulement à un simple exercice mental, car c'est le ressenti qui déclenche le processus du miracle. Ressens la joie ! (1 Thessaloniciens 5/16). C'est le deuxième secret du succès et de la réussite.
- **Commence à bénir Dieu pour son amour pour toi. Remplis-toi des émotions agréables et ressens sa présence en toi et autour de toi** et ouvre progressivement les yeux.
- **Exécute la proclamation avec Foi, Amour et Force (FAF) pendant quinze (15) minutes** en t'appropriant les mots de ladite proclamation comme s'ils étaient de toi. Mais **si tu prends plusieurs proclamations à la fois, accorde dix (10) minutes à chacune d'elles**. Ne va pas vite et ne te précipite pas. Prends ton temps et tu ressentiras la présence de Dieu. Car ces proclamations prophétiques sont des prières. Et **prier c'est faire l'amour avec Dieu**. Or, l'amour est patient et doux. Sois ainsi pendant cet exercice.
- Je te conseille d'**exécuter ces proclamations chaque matin très tôt avant de quitter le lit et chaque soir avant de t'en dormir.** Car ce sont les moments propices où l'esprit est plus disposé et ouvert. Mais c'est le mouvement de l'Esprit de Dieu qui doit davantage avoir ton intérêt que cet horaire que je te propose en vue de t'orienter.

N.B : *Cette consigne est valable pour toutes les proclamations de ce programme. Il faut nécessairement commencer par elle. Car elle te permet de te mettre en état de réception qui est cette attitude qui vient à toi via le silence et la méditation, parce que, rappelles-toi, Dieu est dans l'espace du silence et*

Recueil de Proclamations Prophétiques et d'Adoration(RPPA) vol. II

c'est à ce seul endroit que tu peux le rencontrer et rentrer en contact avec Lui.

Toutefois, si tu prends plus d'une proclamation à la fois, la seule fois que tu exécutes la consigne est suffisante pour toute la séance.

Proclamation n°22

Je proclame que mes désirs se portent vers l'Esprit Source qui m'a racheté de la mort afin que je vive. Mes pensées s'imaginent en Toi mon Dieu et mon Roi !

Je proclame que Tu es Celui en qui je veux me rendre pour devenir !

Tu es Celui en qui je veux paraitre pour être !

Je veux m'oublier en Toi pour me souvenir que je suis !

Je veux être ce que Tu es, être un Christ issus de Dieu !

Je veux porter Ton visage car je sais qu'on finit toujours par ressembler ce qu'on regarde régulièrement !

Je veux que Ton ADN se grave de nouveau dans mon esprit affectant mon âme et mon enveloppe corporelle !

Je veux qu'on sache encore aujourd'hui la marque et la senteur de Ton parfum par ma présence !

Je veux que mon visage révèle Ton visage éblouissant de majesté infinie !

Je veux être Ton prisonnier car c'est dans Tes parvis et Ton palais qu'il y a la véritable liberté !

Je veux me perdre dans Tes bras de Dieu et être investit de Ton autorité pour régner en roi et en dieu dont Tu es le Roi et le Dieu !

Je veux demeurer où Tu es et me baigner avec les gouttes des sueurs qui tombent de Ton visage !

Je veux boire Ton sang pour m'approprier Ton âme car l'âme est dans le sang !

Recueil de Proclamations Prophétiques et d'Adoration(RPPA) vol. II

Je veux manger Ton corps pour revêtir un corps glorieux !

Je veux T'écouter pour me confondre à Toi car on devient ce qu'on écoute, et Ta parole est Toi-même !

Je proclame, Seigneur Toi qui étincèle de lumière depuis ma source, que Tu es tout ce que je désire !

Tu es tout ce pourquoi je suis ici : je veux Te toucher, Te palper et serrer fort contre moi car Tu es tout ce je désire !

Je veux commencer et finir en Toi !

Je veux m'extasier de Toi !

Je veux mourir en moi pour ressusciter en Toi !

Je veux mourir en Toi pour vivre !

Je veux que Tu me possède comme la mort possède le séjour des morts !

Déploies-Toi en moi comme le Saint Esprit est déployé dans Ton Royaume que je suis !

Je proclame que tous mes désirs se portent vers Toi car Tu es tout ce que je désire dans la lumière inaccessible de mon esprit !

J'ai soif de Toi en tous mes cieux. Je Te réclame dans le siège de ma lumière éternel. Mon âme s'élève jusqu'à Toi et mon corps réclame Ton touché de restauration !

J'ai soif de Ta présence en toutes les régions de ma vie et dans l'univers de Ton étendu que je suis !

Je veux Te regarder en face et voir Ton visage vivifiant pour que je vive !

Je Te prie de m'ouvrir et de m'accueille dans Tes palais car mes portes Te sont ouvertes parce que mes sentiments les plus absolus se portent éternellement vers Toi à qui je m'attends !

Recueil de Proclamations Prophétiques et d'Adoration(RPPA) vol. II

Je T'aime, Tu es mon tout, mon absolu et Tu es mon seul désir. Car Tu es ce par quoi je suis et par qui je demeure qui je suis parce que sans Toi je ne suis point !

Je T'adore de toute ma vie et je suis fiévreux d'amour pour toi !

Je projette mon expectative sur Tes succès et sur l'étendu infini de Ton ouvrage et je prends conscience que Tu feras aussi, et encore, des choses infinies dans ma vie aujourd'hui !

Je médite dans les profondeurs de mon esprit Ton Esprit pour recevoir Son intuition car je m'attends à entendre Ta voix. Je m'attends à Toi et je cherche à Te voir de toute ma vie !

Je proclame que Dieu vient à moi comme je vais à Lui et nos voies vont se croiser au prochain tournant !

Que la grâce, la joie, la gloire et la déité Te reviennent depuis l'entendu des Cieux en moi et au-dessus desquels Tu règnes en Dieu et en maitre !

Merci, merci, merci...

In fine, c'est Toi qui peux

Pour faire le lâcher prise

Pour laisser Dieu reprendre les choses en mains

Pour augmenter votre confiance en l'intervention de Dieu dans votre vie

Sachez que deux personnes ne peuvent pas simultanément être au volant d'un même véhicule. S'il y a deux chauffeurs, l'un sera au volant et l'autre jouera le rôle d'assistant, de copilote, c'est-à-dire un rôle second. C'est ainsi qu'il en est entre Dieu et vous en ce qui concerne la direction de votre vie. En effet, tant que vous demeurez le conducteur de votre propre vie, Dieu est un assistant et ne peut, par voie de conséquence, rien y faire, si ce n'est d'assister à vos performances de conducteur, piètre chauffeur fussiez-vous être. Vous aurez beau Lui parler comme un chauffeur parlerait à son assistant impuissant de faire quoique ce soit, Dieu ne pourra rien faire tout comme l'assistant ne sera en mesure de rien faire à moins qu'il prenne le volant et en devienne le nouveau conducteur du véhicule. Cela veut dire que Dieu ne peut intervenir dans le courant de votre vie qu'a partie du moment où vous Lui passerez les commandes de votre vie. Et à partir de là, Il en deviendra désormais le maître de la destinée du véhicule qu'est votre vie comme avec l'assistant lorsqu'il prend les commandes de la voiture des mains du premier chauffeur. En effet, quand Dieu prend la direction de votre vie, vos expériences douloureuses du passé se changent en joie parce que Dieu sait racheter le temps. Car c'est un renouveau qui intervient lorsque Dieu prend les commandes de la vie d'une personne comme il est écrit : « *Dieu lui-même sera avec eux, Il essuiera toute larme de leurs yeux, et la mort n'existera plus ; et il n'y aura plus de pleurs, de cris, ni de tristesses ; car la première création aura disparu. Voici que je fais toutes choses nouvelles !* » (Apocalypse 21/4-5). Dieu vous renouvellera et votre passé traumatisant est promis de disparaître lorsque vous renoncez à continuer à conduire votre vie pour laisser Dieu faire ce qu'Il sait faire le mieux : servir. Et lorsque Dieu vous conduit, votre destination c'est la gloire comme il est écrit : « *Tu me conduiras par ton conseil, Puis tu me recevras dans la gloire.* » (Psaume 73/24). Laissez le volent de votre vie aux mains du maitre des boulevards de la vie,

Recueil de Proclamations Prophétiques et d'Adoration(RPPA) vol. II

Il saura promptement vous conduire sans incidence jusqu'au lieu de votre félicité. Il sifflera dans vos oreilles, la révélation qui produit la direction. Car, je voudrais que vous le sachiez, les gens ne souffrent pas parce que leurs gouvernements sont infidèles, les gens souffrent parce qu'ils n'ont pas de révélation, parce que sans révélation, il n'y a pas de direction. La révélation vient à celui qui s'abandonne à Dieu. Car c'est Dieu qui le conduit comme il est écrit : « *Mais ceux qui se confient en l'Eternel renouvellent leur force. Ils prennent le vol comme les aigles, [symbole de la vision et donc de la révélation]; Ils courent, et ne se lassent point, Ils marchent, et ne se fatiguent point.* » (Esaïe 40/31).

Cette proclamation vous aidera donc à faire le lâcher prise afin de laisser votre vie entre les mains de Dieu pour qu'Il vous conduise. Car Il connait mieux le terrain que vous et connait la route sûre qu'il faut pour que vous soyez heureux.

Pour la réussite de cette proclamation, vous devez vous mettre en phase avec la consigne qui va suivre. Elle est à la deuxième personne parce que je souhaite que vous vous sentiez directement concerné.

<u>Consigne :</u>

- **Assois-toi correctement droit et ferme les yeux. Inspire et expire de l'air longuement et lentement trois fois de suite**. C'est pour ramener tes pensées dispersées à se concentrer sur un seul objectif. **Car une mémoire ou une personne dispersée atteint difficilement ses objectifs**. La dispersion est une dépense d'énergie et la voie sûr de l'échec. (Luc 10/41-42). Ne fais qu'une chose à la fois, ne poursuit qu'un but à la fois (1 Corinthiens 9/24). C'est le premier secret du succès et de la réussite.
- **Pense à ce que tu as et qui te fait du bien.** C'est une attitude de gratitude qui plaît à Dieu parce que ta reconnaissance le glorifie, et est honorable à son cœur (Psaume 50/23 ; Ephésiens 5/20 ; 1 Thessaloniciens 5/19). **Ta reconnaissance est une clé qui t'ouvre les portes de la grâce prochaine**. C'était le secret des victoires de David. Il était reconnaissant à Dieu pour les succès du passée et c'est pourquoi il en remportait d'autres. (1Samuel 17/33 ; 37 et 50). Ressens la joie et l'amour dans ton cœur et ne te limite pas

seulement à un simple exercice mental, car c'est le ressenti qui déclenche le processus du miracle. Ressens la joie ! (1 Thessaloniciens 5/16). C'est le deuxième secret du succès et de la réussite.

- **Commence à bénir Dieu pour son amour pour toi. Remplis-toi des émotions agréables et ressens sa présence en toi et autour de toi** et ouvre progressivement les yeux.
- **Exécute la proclamation avec Foi, Amour et Force (FAF) pendant quinze (15) minutes** en t'appropriant les mots de ladite proclamation comme s'ils étaient de toi. Mais **si tu prends plusieurs proclamations à la fois, accorde dix (10) minutes à chacune d'elles**. Ne va pas vite et ne te précipite pas. Prends ton temps et tu ressentiras la présence de Dieu. Car ces proclamations prophétiques sont des prières. Et **prier c'est faire l'amour avec Dieu**. Or, l'amour est patient et doux. Sois ainsi pendant cet exercice.
- Je te conseille d'**exécuter ces proclamations chaque matin très tôt avant de quitter le lit et chaque soir avant de t'en dormir**. Car ce sont les moments propices où l'esprit est plus disposé et ouvert. Mais c'est le mouvement de l'Esprit de Dieu qui doit davantage avoir ton intérêt que cet horaire que je te propose en vue de t'orienter.

N.B : *Cette consigne est valable pour toutes les proclamations de ce programme. Il faut nécessairement commencer par elle. Car elle te permet de te mettre en état de réception qui est cette attitude qui vient à toi via le silence et la méditation, parce que, rappelles-toi, Dieu est dans l'espace du silence et c'est à ce seul endroit que tu peux le rencontrer et rentrer en contact avec Lui.*

Toutefois, si tu prends plus d'une proclamation à la fois, la seule fois que tu exécutes la consigne est suffisante pour toute la séance.

Proclamation n°23

Je proclame que c'est l'Eternel qui est Dieu et que nul ne peut faire ce qu'Il fait !

Je proclame que c'est ce Dieu de gloire, d'infinie puissance et de majesté, qui est mon Dieu et Celui vers qui je me tourne humblement !

Recueil de Proclamations Prophétiques et d'Adoration(RPPA) vol. II

Je proclame que je crois en Dieu et je me confie en Lui de toute mon âme, de toute ma pensée, de toute ma foi et de tout mon esprit!

Je confesse qu'il n'y a aucune ombre de doute dans mon esprit vis-à-vis de la personne infinie de Dieu !

Je déclare que je crois en Dieu et ma foi pour Lui n'a pas de fin. Car je sais que c'est Lui le maître des boulevards et des océans de la vie, et Il saura me faire traverser !

Je déclare que le Dieu de gloire est mon Dieu !

Je viens à Toi, Dieu de l'impossible et je Te confesse ma faiblesse et mon humanité !

Je me suis auto-essayé de réussir, mais j'ai embrassé la honte et la déception car j'ai échoué !

Parce que j'ai souvent voulu tout faire de part moi-même, j'ai souvent échoué, et parfois, aux portes de la réussite. Dans ma frustration, j'ai souvent tenu les sorciers et mes ennemis responsables, oubliant que si je Te prenais comme appui, aucune adversité ne me résisterait. Car Tu es une majorité absolue qui fait taire tout vent contraire !

Ainsi, Dieu de Toute puissance, j'avoue dans Ta divine présence que sans Toi je ne puis rien et qu'avec Toi, je puis tout par Ta grâce. Car c'est là où culminent mes faibles et misérables possibilités que commence Ta force infinie !

En effet, mes faiblesses annoncent Ta force et mes impossibilités révèlent l'infini de Tes possibilités qui m'attestent que Tu es Dieu !

Mes chutes m'annoncent qu'il y a celui qui relève et mes irretrouvabilités m'annoncent qu'il y a celui qui est le point de Reppert de quiconque souhaiterait se retrouver !

Toutes mes chutes consistent donc à me rapprocher de Toi comme les chutes du Christ sur le chemin du calvaire consistaient à le rapprocher de Toi et à le ramener à Toi !

Recueil de Proclamations Prophétiques et d'Adoration(RPPA) vol. II

C'est pourquoi je fais le lâché prise et renonce à la résistance dans ma progression vers Toi !

Je renonce à être ambitieux et je Te laisse intervenir pour guider les yeux de mon esprit qui indique ma destinée. En effet, l'ambition relève de l'égo tandis que la vision vient de Toi !

Je fais le lâché prise et je Te laisse la direction de ma vie parce que je sais que tant qu'un chauffeur est au volent d'une voiture, aucune autre personne ne peut prendre les commandes de cette voiture. Car deux personnes ne peuvent pas simultanément conduire la même voiture !

Ainsi, je libère la cabine de pilotage de ma vie et je T'y laisse prendre avec assurance la relève. Car je sais que c'est Toi qui vas me conduire à bon port par Ta Sagesse !

Je Te remets les clés de ma destinée, car c'est, au final, Toi qui peux me conduire à cause de Ta Science sur toute chose, et parce que rien ne T'échappe de ce fait !

C'est Toi qui connais les voies les plus sûres et rassurantes pour que je parvienne à la cité de gloire avec étonnement et effet de surprise !

Tu sais mieux que moi ce pourquoi je suis ici, et je sais à partir de maintenant que Tu es le seul à être à même de me conduire à l'adresse à laquelle Tu m'as prédestiné, alors que j'étais encore dans les profondeurs de Ta pensée éternelle !

Je renonce à la peur et à l'incertitude, et je m'emplis d'amour. Je renonce à me justifier comme un homme. Car à partir de maintenant, je serai épris de Ton caractère de Dieu qui n'est point un homme pour se justifier !

A partir d'aujourd'hui, la voix de Ton intuition en moi est ma direction et j'obéirai sans poser de question comme les pneus obéissent au manœuvrage du conducteur sans lui demander pourquoi va-t-il à gauche ou à droite !

Dieu veut pour moi tout ce qu'il y a de bien, suivre Sa direction est donc une grâce pour ma vie et je Lui suis éternellement reconnaissant !

A partir d'aujourd'hui, mon esprit obéira aux révélations de Ton Esprit qui me parle dans mon tréfonds !

Recueil de Proclamations Prophétiques et d'Adoration(RPPA) vol. II

Je suis désormais un territoire à la disposition de Dieu. Il est donc libre d'en faire ce qu'Il veut et de me donner l'image qu'Il veut que je reflète à la gloire de Son nom !

Mon cœur, mon âme et mon corps élèvent leurs linteaux pour laisser le Roi éternel entrer en eux afin qu'Il exprime Sa Royauté !

Mon âme est désormais en alerte et reconnait Ta voix comme une brebis reconnait la voix de son berger !

L'Esprit du discernement s'empare de ma vie à partir de maintenant. Car je suis à présent conduit par Lui qui n'est autre que Dieu dans mon intelligence !

Je proclame que j'ai foi en mon conducteur Dieu et je sais dans mon tréfonds qu'Il m'amène sur une terre de grâce et les résultats que j'obtiendrai désormais démonteront Son amour et Sa bonté pour moi, et plusieurs sauront qu'il n'y a pas de directeur de vie tel que la personne de Dieu !

Je proclame que j'abandonne toute ma vie à Dieu sans résistance de cœur car Il est ma solution. Je m'oublie à Lui tel un enfant qui s'oublie à son père !

Je commande à l'esprit d'inquiétude de s'éloigner de moi à partir de maintenant. Car c'est désormais Dieu le responsable de moi. Ainsi, je ne serai plus inquiet, ni pour ma santé, ni pour mon travail, ni pour mon avenir, ni pour mon mariage et ni pour rien au monde. Car je sais que je suis entre de bonnes mains et que mon cas passe en priorité chez Dieu !

Je confesse que je m'abandonne et je m'oublie à Dieu par et, par Sa grâce, je m'en trouve bien heureux dès maintenant ici-bas !

Je déclare que toutes les régions de mon subconscient et de toute ma vie rendent éternellement honneur et gloire à Dieu pour la destinée de gloire à laquelle je suis conduit à partir de maintenant !

Merci, merci, merci…

Je suis une forteresse de foi

Pour augmenter votre foi

Pour avoir la force de croire même lorsqu'il n'y a pas de raison de croire

Pour faire bouger les lignes dans votre vie

Savez-vous ce que Satan combat chez vous ? C'est votre foi en Dieu. En effet, il ne combat rien d'autre dans votre vie, car c'est votre foi qui vous garde sur les rails et qui vous identifie du reste de ce qui vous entoure. Votre foi vous donne une identité et révèle votre destinée parce que ce à quoi vous croyez est su via ce que vous visualisez intérieurement. Et c'est ce que vous voyez en vous qui fera l'objet de votre expérience physique en passant par les mécanismes que j'expliquais déjà en amont de ce programme. Puisque votre foi révèle votre destinée, votre foi en Dieu annonce, in fine, que vous finirez en Dieu et donc dans la gloire. Or, Satan ne vous souhaite pas la gloire mais la disette, la peur, le deuil et les larmes. Abattre alors votre foi sera sa victoire sur vous. C'est pourquoi vous devez prendre conscience que ce n'est pas votre sanctification ou votre sainteté qui intéresse Satan, mais votre foi. Car c'est la foi qui amène la sanctification comme on peut le lire en 1 Jean3/3 : « *Quiconque a cette espérance en lui se purifie, comme lui-même est pur.* » Et Jésus demandait ceci à ce sujet de la foi : « *... Mais, quand le Fils de l'homme viendra, trouvera-t-il la foi sur la terre?*»(Luc 18/8). Comprenez, dès lors que, votre foi est la chose essentielle de votre destinée ; de votre vie et/ou de votre mort. C'est votre foi qui vous donne des résultats les plus inattendus, ceux que personne ne peut vous donner. Et c'est par la même foi que vous devenez aussi fils et filles de Dieu comme il est écrit : « *Mais à tous ceux qui l'ont reçue, à ceux qui croient en son nom, elle a donné le pouvoir de devenir enfants de Dieu.* »(Jean1/12). Etre une forteresse de foi est donc essentiel pour vous, pour votre vie et pour toutes les expériences que vous souhaitez vivre ou auxquelles vous voulez résister et voir disparaitre.

Cette proclamation vous aidera donc à rebooster votre foi et à créer les miracles que vous souhaitez voir se manifester sur votre vie au nom de Yeshua Ha Mashia.

Recueil de Proclamations Prophétiques et d'Adoration(RPPA) vol. II

Pour la réussite de cette proclamation, vous devez vous mettre en phase avec la consigne qui va suivre. Elle est à la deuxième personne parce que je souhaite que vous vous sentiez directement concerné.

Consigne :

- **Assois-toi correctement droit et ferme les yeux. Inspire et expire de l'air longuement et lentement trois fois de suite**. C'est pour ramener tes pensées dispersées à se concentrer sur un seul objectif. **Car une mémoire ou une personne dispersée atteint difficilement ses objectifs**. La dispersion est une dépense d'énergie et la voie sûr de l'échec. (Luc 10 /41-42). Ne fais qu'une chose à la fois, ne poursuit qu'un but à la fois (1 Corinthiens 9/24). C'est le premier secret du succès et de la réussite.

- **Pense à ce que tu as et qui te fait du bien.** C'est une attitude de gratitude qui plaît à Dieu parce que ta reconnaissance le glorifie, et est honorable à son cœur (Psaume 50/23 ; Ephésiens 5/20 ; 1 Thessaloniciens 5/19). **Ta reconnaissance est une clé qui t'ouvre les portes de la grâce prochaine**. C'était le secret des victoires de David. Il était reconnaissant à Dieu pour les succès du passée et c'est pourquoi il en remportait d'autres. (1Samuel 17/33 ; 37 et 50). Ressens la joie et l'amour dans ton cœur et ne te limite pas seulement à un simple exercice mental, car c'est le ressenti qui déclenche le processus du miracle. Ressens la joie ! (1 Thessaloniciens 5/16). C'est le deuxième secret du succès et de la réussite.

- **Commence à bénir Dieu pour son amour pour toi. Remplis-toi des émotions agréables et ressens sa présence en toi et autour de toi** et ouvre progressivement les yeux.

- **Exécute la proclamation avec Foi, Amour et Force (FAF) pendant quinze (15) minutes** en t'appropriant les mots de ladite proclamation comme s'ils étaient de toi. Mais **si tu prends plusieurs proclamations à la fois, accorde dix (10) minutes à chacune d'elles**. Ne va pas vite et ne te précipite pas. Prends ton temps et tu ressentiras la présence de Dieu. Car ces proclamations prophétiques sont des prières. Et **prier c'est faire l'amour avec Dieu**. Or, l'amour est patient et doux. Sois ainsi pendant cet exercice.

- Je te conseille d'**exécuter ces proclamations chaque matin très tôt avant de quitter le lit et chaque soir avant de t'en dormir.** Car ce sont les moments propices où l'esprit est plus disposé et ouvert. Mais c'est le mouvement de l'Esprit de Dieu qui doit davantage avoir ton intérêt que cet horaire que je te propose en vue de t'orienter.

N.B : *Cette consigne est valable pour toutes les proclamations de ce programme. Il faut nécessairement commencer par elle. Car elle te permet de te mettre en état de réception qui est cette attitude qui vient à toi via le silence et la méditation, parce que, rappelles-toi, Dieu est dans l'espace du silence et c'est à ce seul endroit que tu peux le rencontrer et rentrer en contact avec Lui.*

Toutefois, si tu prends plus d'une proclamation à la fois, la seule fois que tu exécutes la consigne est suffisante pour toute la séance.

Proclamation n°24

Je proclame que c'est l'Eternel qui est Dieu et que c'est Lui qui règne dans tous les univers qui existent !

Je proclame que je suis une forteresse de foi !

Je crois en Dieu et je crois en moi car Dieu a foi en moi !

Je proclame que je crois en la puissance de l'Esprit de Dieu et je crois au don du Saint Esprit !

Je proclame que dans mon esprit, ma foi voit la gloire vers laquelle je marche inéluctablement !

Je proclame que je vois en moi ce que Dieu vois en Lui et je marche dans la même direction que Dieu. Car ma foi est ma lumière intérieure comme l'est la vision que Dieu visualise en Lui pour la destinée de gloire de Sa création !

Je proclame que je réussirai car c'est effectivement ce pourquoi je suis dans ce monde. Je suis né pour atteindre mes objectifs et je déclare de toute ma vie que j'y

Recueil de Proclamations Prophétiques et d'Adoration(RPPA) vol. II

arriverai dans toutes mes voies parce que je suis en phase avec l'Energie Source en moi qui me guide par Son intuition !

Je proclame que toutes les situations sont tournées en ma faveur et j'obtiens tout ce je veux parce que ma foi change des refus en approbations, des non en oui !

Je proclame que mon esprit est une forteresse de foi et tout vient à moi à point nommé !

Je proclame que quand le doute frappe aux portes de mon âme, c'est l'assurance en Dieu qui répond en présentielle et le doute prend peur, puis se retire !

Quand l'effroi m'appelle par mon nom, la foi en mon esprit lui fait prendre le large. Car je suis le fruit d'une conviction et je suis la conviction même, celle de Dieu. Ainsi, rien ne peut me ravir !

Je suis une forteresse de foi et le miracle a ses locaux fortifiés dans mon esprit. Rien ni personne ne peut me stopper car on ne stoppe pas la foi !

Je proclame que ma foi est aussi grande que l'Esprit de Dieu. Car ma foi est déployer hors des formes comme l'est l'Esprit de Dieu !

Je ne recule devant rien et mes possibilités sont infinies. Dans ma présence le mot impossible est dévalué et obsolète. Car je puis tout par celui qui me fortifie et qui me fait don d'une foi infinie !

Je proclame que chaque jour multiplie ma foi et Satan et tous les démons se tiennent en retrait, au large de ma vie, pour sécuriser leur propre existence. Car quand je suis, ils ne sont pas !

Je proclame que je suis une forteresse de foi. Je suis un acquis des prodiges. Je suis une usine de miracles. Je suis une manifestation d'audace et de détermination !

Tout m'est soumis et les miracles inattendus m'atteignent partout, et où que ce soit, j'abonde en miracles !

Dans ma présence, les démons se précipitent dans les ténèbres. Car ma foi est porteuse de lumière et de puissance parce que la puissance est dans la foi qu'on a en Dieu !

Recueil de Proclamations Prophétiques et d'Adoration(RPPA) vol. II

Ma foi est une terreur pour l'enfer et l'esprit des impossibles ne me regarde pas en face car tout m'est possible !

Je proclame que j'ai la foi d'Abraham qui crut en sa postérité alors qu'il était encore dans la stérilité !

Je proclame que j'ai la foi de Noé qui construisit l'arche alors qu'il n'avait aucune connaissance de l'agenda de Dieu sur la fin du monde !

Je proclame que j'ai la foi de Moise qui fendit la mer rouge par la puissance du Saint Esprit en lui !

Je proclame que je suis héritier des héros de la foi et j'ai la fois de ces héros de la foi, et aucunes mers ne me résistent. Toutes se fendent et me laissent passer par la puissance de Dieu qui marche devant et derrière mon esprit !

Je proclame que je suis assis, entouré et suivi par une nuée de puissance, d'impact et de manifestation car je suis une forteresse de foi !

Je proclame que j'ai fermement foi en Dieu !

Je proclame que je suis un roc fait de foi inamovible !

Je déclare sur ma vie qu'à cause de ma foi, les obstacles et les pièges de l'ennemi refusent de me faire face. Ainsi, je regarde autour de moi, et je ne vois personne, ni rien de nuisible. Car la nuisance a changé de camp !

Les tempêtes se tiennent au silence dans ma présence, la maladie tombe malade d'elle-même et la malédiction subit sa propre malédiction !

Les occultes tombent front contre terre et déclarent que seul l'Eternel est Dieu. Car les prophètes Bal tombent toujours front contre terre face à Eli !

Je proclame que je suis un champ de foi, et ma foi s'impose atmosphériquement, aux gens qui m'entourent et ils croient !

Au Dieu qui augmente ma foi par laquelle je vois mon futur, soient la gloire, l'honneur et la puissance aux siècles infinis !

Merci, merci, merci...

Recueil de Proclamations Prophétiques et d'Adoration(RPPA) vol. II

Conclusion :

A vous qui avez lu et pratiqué tout ce qui vous a été indiqué dans ce deuxième volume du *RePPA*, je vous souhaite réussite et gloire. Car ce programme que nous poursuivons via ce volume II requière de la discipline et de la révélation parce qu'il m'a été inspiré par Dieu pour vous amener aux résultats les plus voulus par votre cœur, et celui de Dieu à votre sujet. Il est alors juste et parfait, avec une pratique quotidienne de ce programme, selon la consigne donné en tout début du recueil, que vous demeuriez à présent dans l'attente joyeuse de la manifestation de Dieu dans votre vie de façon évidente et surprenante.

Aussi, je vous conseille, au sortir d'ici d'être persévérant et de ne plus attendre que la vie vienne à vous. Car c'est à vous d'aller vers elle et de la dompter, si elle se montre rude envers vous, parce que vous avez reçu de Dieu, le pouvoir de dominer sur toutes situation, quel qu'elle soit, de ce monde (Genèse 1/26). Le bonheur est, à ce titre, une chose possible et il est entre vos mains. Prenez-en conscience et vivez-le pleinement !

Cependant, je voudrais vous dire que face aux difficultés de la vie, s'il vous arrive de vouloir pleurer, allez-y, pleurez ! Ne vous retenez pas, pleurez ! Car les larmes nous affranchissent souvent des douleurs profondes, et c'est l'une des voies qui chassent hors de nous, nos douleurs profondes. Après cela, relevez-vous et affronte la vie et résistez à la difficulté. Car vous n'êtes pas venu dans ce monde pour accompagner qui que ce soit ni pour être un figurant ou un *subisseur* de la vie. Levez-vous dès lors, et prenez courage ! Prenez la plume, et commencez la rédaction de votre histoire parce que Dieu vous a pourvu de tous les moins dont Il savait que vous en aurez besoin pour cette vie. Oubliez les gens qui vous ont trahis. Oubliez toutes les fois que vous avez échouées. Oubliez toutes les fois que les situations ont changé votre beau sourire en larmes, votre joie en affliction et votre liberté en captivité. Oubliez toutes les fois que vos droits ont été violés, et ne vous en plaignez plus. Oubliez ce passé ci lourd, il est trop pesant pour une personne qui va désormais loin sous la conduite bienveillante de Dieu.

Je voudrais, pour ainsi dire, vous dire que ça va aller, Dieu va aider. Et je vous souhaite, sur ce, de vivre le rêve que vous rêvez. Et n'ayez pas peur s'il est grand. Car plus un rêve est grand, plus il vient de Dieu, parce que Dieu aime intervenir lorsque l'homme se sent faible. Et je reste convaincu de votre réussite, dès lors que c'est Dieu le maitre de cérémonie réinvestit dans votre vie.

Somme toute, je vous donne rendez-vous au sommet de la colline de Dieu, dans la présence de Celui-là même qui nous a tous suscité à la gloire de son nom, pour que nous soyons une génération de consacrés. Amen.

Just ATSAM

HIPPDPLGH

P.cia

Gmail: justatsam@gmail.com

      atsamjust@gmail.com

Facebook: atsam.just@yahoo.fr

Skype: Just-Oliver ATSAM ELLA MEYE

I want morebooks!

Buy your books fast and straightforward online - at one of the world's fastest growing online book stores! Environmentally sound due to Print-on-Demand technologies.

Buy your books online at
www.get-morebooks.com

Achetez vos livres en ligne, vite et bien, sur l'une des librairies en ligne les plus performantes au monde!
En protégeant nos ressources et notre environnement grâce à l'impression à la demande.

La librairie en ligne pour acheter plus vite
www.morebooks.fr

OmniScriptum Marketing DEU GmbH
Heinrich-Böcking-Str. 6-8
D - 66121 Saarbrücken
Telefax: +49 681 93 81 567-9

info@omniscriptum.com
www.omniscriptum.com

www.ingramcontent.com/pod-product-compliance
Lightning Source LLC
Chambersburg PA
CBHW021832300426
44114CB00009BA/414